L'art du combat avec son ombre

Gregorio Manzur

L'art du combat avec son ombre

L'esprit du chigong et du tai-chi

Préface de Catherine Despeux

Albin Michel

À maître Gu Meisheng.

Préface

En France, le tai-chi ch'üan (ou tai-chi chuan et, en pinyin, taiji quan) était encore peu connu en 1971, alors que je finissais d'écrire ma thèse sur ce sujet. C'était principalement le style Yang qui était enseigné par quelques personnes, lesquelles, de par leur formation, insistaient soit sur l'aspect esthétique de cette « danse avec l'ombre », soit sur le travail corporel à une époque à laquelle toutes sortes de méthodes, telles la méthode Feldenkrais, la méthode Garda Alexander ou ce qu'on a appelé l'« anti-gymnastique », commençaient à fleurir. Son rôle martial était alors quasiment ignoré, si ce n'est de quelques-uns ayant appris le tai-chi de l'école Wu. Quand ma thèse fut publiée sous le titre Taiji quan, art martial, technique de longue vie, on s'en étonna, certains dirent même que l'exercice que j'y mentionnais de la « dispersion des mains » (sanshou), c'est-à-dire une série d'enchaînements à deux pour travailler l'aspect martial des mouvements, je l'avais inventé. Il n'en est évidemment rien. J'avais pu le voir pratiquer par deux des maîtres que j'avais connus à Taïwan entre 1967 et 1971 et je m'étais fondée pour la description que j'en faisais sur un livre chinois de Chen Yanlin qui comprenait les dessins que j'ai reproduits.

Nous sommes en 2009, quarante ans plus tard. Après avoir connu une éclipse en Chine durant une période autour de la

Révolution culturelle (entre 1966 et 1980), le tai-chi ch'üan a pris un nouvel essor pour atteindre aujourd'hui un développement sans précédent. Les écoles se sont reformées, des documents nouveaux sont apparus sur le village de Chenjiagou dans le Henan, berceau de cette discipline, et les monts Wudang dans le Hubei, lieu d'origine légendaire du tai-chi ch'üan, ont vu fleurir des écoles d'arts martiaux. En Occident aussi, cet art de combat est devenu florissant, la littérature sur le sujet abonde, différents styles sont enseignés : ceux de l'école Chen, très martiale, de l'école Yang, la plus répandue, des écoles Wu, Sun et Li, moins populaires. Nombreux sont ceux qui y trouvent une source d'enrichissement et de renouvellement. Désormais, le tai-chi ch'üan fait partie du monde occidental, que ce soit dans le domaine des sports, des pratiques de santé, des arts martiaux ou encore des disciplines psychosomatiques alliant travail du corps et épanouissement de la personne. Il convient de noter cependant qu'en Chine, ces multiples fonctions sont rarement séparées les unes des autres. S'il s'agit bien à l'origine d'acquérir une maîtrise martiale par la technique, celle-ci ne peut s'acquérir sans une connaissance de soi et de l'autre qui implique une discipline spirituelle pour parvenir à ce que les Chinois nomment la « réalisation du dao ». Lors d'un voyage aux monts Wudang en juin 2009, j'ai pu constater que les jeunes taoïstes s'exerçant au tai-chi ch'üan manifestent la perfection du geste et leur belle connaissance de l'art martial, mais aussi déploient une intériorité issue de leur longue pratique quotidienne de la méditation à laquelle ils s'exercent dans l'école d'arts martiaux, dans un temple ou dans un ermitage sur la montagne. Comme dans les arts martiaux japonais, la puissance intérieure et martiale ne saurait être développée sans une maîtrise de l'esprit, car l'art du combat est aussi un combat avec soi-même pour ne pas avoir à lutter. Le chapitre 68 du Classique de la Voie et de sa Vertu *de Laozi insiste là-dessus :*

Qui excelle en tant qu'officier
N'est pas belliqueux,
Qui excelle à combattre
Ne se laisse pas aller à la colère,
Car celui qui excelle à vaincre l'ennemi
Ne lutte pas.

L'Art du combat avec son ombre *est une belle illustration de ce combat sans lutte et de la façon dont les diverses facettes du tai-chi ch'üan s'imbriquent. Ce témoignage de Gregorio Manzur montre comment sa personnalité, toujours en devenir, se cherche et se construit grâce à ses voyages en Asie, principalement en Inde et en Chine, qui lui permettent de rencontrer des maîtres spirituels et des experts en techniques du corps indiennes ou chinoises. La pratique du tai-chi ch'üan occupe une très large place dans sa démarche, notamment depuis sa rencontre avec Gu Meisheng en 1984. Ce dernier, invité par l'université de Paris-VII pour y donner des cours sur la culture chinoise, fut surpris de l'enthousiasme des Français pour le tai-chi ch'üan et décida de transmettre en Occident ce qu'il avait appris de son maître. Il suivit jusqu'à sa mort quelques disciples, aidé de plusieurs de ses élèves chinois qui vinrent en France ou qui l'aidèrent à organiser des stages à Shanghai. Gregorio s'est plongé dans l'aventure pendant près de vingt-cinq ans, souvent en solitaire et avec beaucoup de discrétion.*

Gu Meisheng maîtrisait parfaitement le français grâce à un séjour qu'il avait effectué à Paris entre 1948 et 1950 pour poursuivre des études de sciences économiques à la faculté de droit de Paris. De retour en Chine, il était devenu professeur de français à l'université des langues étrangères puis directeur du département de langues étrangères à la faculté de médecine n° 2 de Shanghai. Il était issu d'une famille catholique de Shanghai tournée vers la modernité, mais il fut ramené vers la culture chinoise traditionnelle après sa rencontre avec Yue Tan, qui allait devenir son maître, rencontre qui détermina le sens qu'il allait donner à sa vie. Quand il nous parlait de son maître, c'était avec une ferveur inconditionnelle et une dévotion très touchante.

Yue Tan, comme tant d'autres maîtres chinois du passé ou du présent, avait fait sa propre synthèse des enseignements qu'il avait pu suivre auprès de divers maîtres. Rien de plus normal en Chine que d'avoir plusieurs maîtres, même si l'on se rattache à une seule lignée de transmission qui donne l'illusion d'une orthodoxie bien définie. Il est même recommandé dans le taoïsme de pratiquer ce que l'on appelle le yunyou, *la « randonnée dans les nuages », c'est-à-dire de voyager dans les montagnes sacrées et autres lieux saints du taoïsme pour y recueillir auprès de divers maîtres des formules secrètes ou pour trouver le maître qui sera le mieux à même de répondre à vos questions personnelles. Mais ce qui est singulier chez Yue Tan, c'est le contexte plus particulièrement bouddhique de sa formation. Il fut le disciple d'une certaine Mme Wang, elle-même disciple du vénérable lama Gongka, maître d'une école bouddhique tibétaine des Bonnets rouges : l'école des Anciens ou Rningmapa. Très vénéré pour son accomplissement spirituel, celui-ci résidait habituellement sur le mont Minyag Gongka dans l'ouest du Sichuan, mais il se rendit plusieurs fois à Shanghai et eut de nombreux disciples chinois. Maître Yue Tan fut aussi formé au bouddhisme chan (zen), puis au tai-chi ch'üan auprès essentiellement de Dong Yingjie, disciple de Yang Chengfu, un des fils de Yang Luchan, le fondateur du style Yang.*

Ainsi, le style transmis par Gu Meisheng est une synthèse de techniques du yoga tibétain et du tai-chi ch'üan des écoles Yang et Li. Par exemple, la salutation au maître dont parle Gregorio relève des rituels tibétains et non des salutations taoïstes ; la conception du yao *comme un axe central est inspirée de l'image tibétaine du corps comportant un canal central et deux canaux latéraux. Représentations et techniques du corps relèvent de contextes bouddhiques et taoïstes. De même les exercices spirituels de culture de soi empruntent-ils à la fois au taoïsme, au bouddhisme tibétain et au bouddhisme chan.*

Dans le taoïsme comme dans les arts martiaux, le maître demandait souvent à l'élève de prendre des notes sur ce qu'il ressentait dans sa pratique, sur ses expériences, ses progrès, ses doutes, sur le changement de ses perceptions de lui-même ou des autres. Car si la transmission s'effectue en Chine par l'imitation d'un modèle, elle se fonde aussi sur des formules souvent considérées comme secrètes qui servent de points de repère au cours de l'apprentissage. L'élève s'exerce jusqu'à ce qu'il ait compris. Il vérifie alors auprès du maître si sa compréhension est juste et s'il ne fait pas fausse route. Malheureusement, ces notes manuscrites n'étaient pas destinées à être imprimées et très peu sont parvenues jusqu'à nous. Par chance, L'Art du combat avec son ombre *livre cette démarche que les élèves chinois notaient dans leurs cahiers : dans son récit, Gregorio Manzur décrit certaines étapes du développement de sa puissance intérieure, ses doutes, ses embûches et, dans une correspondance qu'il a tenue avec Gu Meisheng, il nous dévoile une partie de son questionnement et la façon dont le maître attestait ou infirmait la justesse du processus. Cet ouvrage présente certes des éléments techniques du tai-chi ch'üan, notamment des exercices de base, mais toujours comme support au cheminement spirituel et à la quête de chaque instant qui constituent la véritable alchimie intérieure du soi.*

L'exercice du tai-chi ne se limite pas au temps de la pratique de l'enchaînement ou de la poussée des mains (tuishou) : *il est constant. Je me souviens de deux occasions au cours desquelles Yao Longji, un élève de Gu Meisheng venu en France nous donner des cours, m'a conduite vers cette attention de chaque instant. La première fois, c'était un jour où nous devions aller à la mairie du 12ᵉ pour établir sa carte de séjour. Je marchais devant lui dans la rue de Charonne, pressée d'arriver avant la fermeture des bureaux. Il me rattrapa et m'arrêta brusquement pour me tancer vertement : je marchais sans tenir compte des principes essentiels du tai-chi ch'üan. Il m'expliqua comment toute situation doit devenir un tai-chi, une unité ; je me pliai à cette leçon impromptue et bien sûr nous trouvâmes porte close à la mairie du 12ᵉ. La seconde fois, c'était alors que je faisais la vaisselle et nettoyais les assiettes par des mouvements qui ne partaient pas du* yao, *ce point ou cet axe entre les deux reins ; il me montra comment le mouvement du bras devait être la résultante d'un mouvement de tout le corps formant un tout et tournant comme une roue autour du moyeu qu'est le* yao. *J'eus droit ensuite à une démonstration de balayage : le balai, prolongement de la main, exécutait des cercles qui partaient toujours du* yao, *une véritable danse qui, hormis la beauté esthétique, avait l'avantage de se montrer très efficace à moindre effort.*

Il existe constamment un va-et-vient entre l'exercice des règles de base, telles que « maintenir l'énergie au sinciput », « distinguer le vide et le plein », « former une roue avec les pieds et les mains autour de la taille (le yao) », « effacer les traces », « écouter avec les mains, puis avec les yeux », et le* yi, *l'intention ou pensée créatrice qui guide la pratique ainsi que*

14

l'esprit d'où provient la pensée. Gregorio Manzur nous rappelle que l'observation des règles dans le tai-chi est importante, mais que l'essentiel se trouve dans la démarche du pratiquant qu'il décrit avec précision et justesse. Il part d'une formule, par exemple « effacer les traces », qu'il prend pour l'exercice du jour, puis se prête à un va-et-vient entre le mouvement, la perception qu'il en a, son esprit, ce qui change ; puis il revient à la concentration quand l'observateur se disperse trop et, progressivement, cela vit en lui, sans effort pour observer, sans conscience d'être observateur, sans intervenir : le wuwei *de Laozi, non-agir ou non-interférence dans le cours des choses.*

Un principe ne peut rester purement théorique, il doit se réaliser à travers l'exercice, notamment celui du corps. C'est ainsi que doit être comprise et vécue la pensée chinoise. Une amie chinoise me voyant écrire un article académique sur un point de l'histoire de la médecine chinoise me demanda à brûle-pourpoint : « Mais à quoi ça sert ? Quand tu tousses, tu n'es même pas capable de te soigner ! » Ébranlée par cette remarque, j'en fis part à un ami, éminent japonologue et académicien, et lui demandai : « Mais à quoi servent toutes nos recherches académiques ? » Sur-le-champ et avec verve il me répondit : « Mais à la connaissance, bien sûr ! »

Dans les disciplines chinoises relatives à la santé ou à l'épanouissement de soi, les exercices du ch'i, *le souffle/énergie, remplacent à bien des égards le travail occidental avec la parole au cours d'une analyse : construction ou déconstruction de soi, de son rapport à l'autre et à l'environnement. Il existe à partir des exercices du* ch'i *un véritable apprentissage d'une façon d'être au monde beaucoup plus facile à développer pour un Chinois qui baigne déjà dans cette approche que pour un Occidental qui a été coupé de cette attention à son corps interne, au sentir, à l'espace dans lequel il évolue. Mais une mauvaise compréhension de l'usage ou de l'application de ces*

exercices peut être désastreuse, car de nombreux pièges jalonnent le parcours. Il est de ce fait essentiel de pouvoir profiter
des conseils de ceux qui ont déjà effectué ce cheminement.

L'exercice de la petite révolution sidérale, en chinois xiao
zhoutian, est l'un des plus connus et des plus pratiqués dans le
ch'i-kung (ou chigong, qigong en pinyin) contemporain. Il est
possible de commencer à visualiser le trajet du souffle/énergie
qui monte le long de la colonne vertébrale et redescend par le
milieu du devant du corps, en un cycle fermé, mais le danger
est de glisser vers une sensation imaginaire et irréelle. Certains
maîtres taoïstes ont dénoncé ce danger et considèrent qu'il
vaut mieux laisser cette circulation s'éveiller d'elle-même. Les
textes taoïstes d'alchimie intérieure appellent le moment de cet
éveil le « zi vivant » ; cela correspond de manière très concrète
à une érection chez l'homme et à des contractions utérines chez
la femme. Ces phénomènes sont le signe du réveil de la force
de vie due à la plénitude du souffle et au relâchement du
corps. Cette force commence à monter et, plus l'esprit est calme
et dénué de pensées, plus elle envahit le corps. Elle monte et
redresse l'épine dorsale qui parvient à la rectitude sans effort.
Concentration et relâchement, faire et non-faire doivent alter-
ner, telle une respiration. Conduire le souffle par l'intention
est un piège, cela peut entraîner de graves désordres psychologiques.

Dans L'Art du combat avec son ombre, *Gregorio Manzur nous révèle certains des pièges qu'il a rencontrés et insiste
bien sur la nécessité de les débusquer. Quand il relate ses expériences, son âme de poète et de visionnaire trouve des images
merveilleuses et très suggestives. Ainsi, les trois yeux qu'il a vus
un jour au cours de sa pratique lui évoquent les trois champs
de cinabre, trois lieux du corps fondamentaux dans la pratique du tai-chi ch'üan. Mais ce qu'il expérimente correspond à
sa réalité propre, à sa subjectivité, à sa construction de soi, et*

16

n'a nullement valeur universelle. Le piège serait de vouloir s'y attarder ou même le reproduire ; ce qui compte, c'est la démarche et le processus de l'observation, de la quête du soi. Rappelons-nous que le démon Mara tenta le Bouddha par les visions de belles choses et de belles femmes ; ce fut le dernier combat du Bouddha avant son éveil. Certains textes taoïstes aussi mentionnent que l'on peut avoir de belles visions aux-quelles il ne faut pas s'attacher pour que le processus puisse continuer. Toute expérience relève encore des sensations et des perceptions ; pour le bouddhisme chan, y faire demeurer son esprit fait passer à côté de la cible.

Gregorio Manzur emploie des images familières de notre culture occidentale, des images inconnues des Chinois mais qui nous rendent plus proche et plus compréhensible sa démar-che. Ainsi en est-il quand il nous parle de l'« Ancêtre », son chêne séculaire. Kaer quez, *« bel arbre », tel était le nom du chêne pour les Celtes ; il représentait l'axe du monde, l'image de l'être face au devenir. Le chêne est, dans de nombreuses tra-ditions, l'arbre sacré par excellence. Symbole de la force et de la sagesse, il est investi des privilèges de la divinité et souvent associé à une communication entre le ciel et la terre. Quand Gregorio Manzur visualise ses tensions mentales qui descen-dent le long du corps pour arriver aux pieds, desquels poussent des racines qui s'enfoncent dans la terre, face au chêne sécu-laire, il retrouve spontanément un exercice pratiqué dans le ch'i-kung, mais au lieu de le traduire en images issues du contexte chinois et taoïste, il fait appel, sans le vouloir, à l'imaginaire de l'arbre dans notre culture. C'est ce qui rend sa démarche authentique.*

Ce savoir du corps, cette sagesse orientale, Gregorio Manzur les rend palpables par sa plume et par la sincérité de son che-minement. Il a la faculté de nous faire sentir comment il dia-logue avec la solitude et avec le temps, son partenaire idéal, et

L'art du combat avec son ombre

comment ce dialogue le mène dans ce temps de l'au-delà du temps et dans l'espace infini où cesse la finitude du corps. L'art du combat avec son ombre ! Ombre et lumière, yin et yang ! Parfois l'ombre disparaît quand la lumière augmente, mais elle revient, c'est la dualité du yin et du yang. Pour être dans le tai-chi, l'unité suprême, il faut simplement reconnaître l'ombre pour ce qu'elle est, une lumière invisible et subtile, celle de l'immensité de l'esprit qui voit sans voir, une lumière diffuse qui n'est ni ombre ni lumière : la même de nuit comme de jour.

Catherine Despeux

1.

La pupille du pigeon voyageur

Le jour où notre maître a quitté son corps
un pigeon voyageur est venu aux Trois Cyprès.
Il marchait dans le petit chemin qui divise le champ de
    lavande ;
Il « savait » que je l'observais ;
Je « voyais » qu'il comprenait pourquoi il avait dû venir ce
    jour-là.
Jamais une Columba livia ne s'était posée près du grand
    chêne
et n'avait picoré de l'herbe à la fraîcheur de son ombre.
Jamais un oiseau comme lui
n'avait autant tourné autour de la maison,
m'observant de temps en temps.
Parmi les rangées de chênes blancs
j'ai dédié l'enchaînement à notre maître,
juste à l'heureux moment où il abandonnait sa dépouille.
Il était venu aux Trois Cyprès pour me voir,
à travers la brillante pupille d'un pigeon voyageur,
accomplir le rituel sacré
du combat avec mon ombre[1].

2.

La roue et ses rayons

Printemps 1984. J'entre dans le grand hall du Forum, à Paris. La plupart des élèves sont là, attendant l'arrivée de Gu Meisheng[1]. Je les évite, car je dois me concentrer sur ce que je vais dire au maître. J'entends leurs conversations animées ou feutrées, et je ferme mes oreilles. Une amie s'approche de moi, je fais semblant de ne pas la voir et vais me réfugier dans un coin sombre.

La porte s'ouvre et notre professeur entre. Il sourit en saluant chacun de ceux qui l'approchent. Nous le suivons tous vers la grande salle qui donne sur le jardin. Il m'a vu et m'a salué de la tête, un peu surpris peut-être que je ne sois pas l'un des premiers à le suivre, car il sait que je me place toujours devant lui pendant les cours et le suis comme son ombre. Il laisse passer tout le monde et lorsqu'il se trouve seul à côté de la porte, je l'aborde. Je sèche mes mains sur mon pantalon, mon front aussi est perlé de sueur et je m'en veux d'être aussi bête.

– Bonsoir, Gregorio, vous allez bien ?

– Monsieur Gu, je voudrais… vous dire… j'ai beaucoup réfléchi et…

– Oui, dites-moi…

– En fait, je me suis rendu compte que je fais trop de

choses, la radio, l'écriture, les dramatiques, enfin… que je voudrais… voudrais ne plus… continuer le tai-chi.

– Ah bon… je comprends, vous êtes trop pris par vos obligations.

– Obligations… c'est trop dire, mais…

– Vous savez, cher Gregorio, que j'ai eu moi-même, il y a longtemps déjà, la même sensation que vous…

– Ah bon.

– Je trouvais que le tai-chi que nous transmettait M. Yue Tan, notre cher maître, était trop exigeant…

– Justement, vous dites que c'est seulement après dix ans de pratique…

– Oui, après dix années de pratique régulière, on peut parler du vrai tai-chi.

– Voilà, et après il faut faire au moins dix enchaînements par jour…

– C'est trop, oui, je comprends. C'est exactement ce que j'ai reproché à mon maître. Et il m'a dit : « Très bien, Gu, abandonne, mais abandonne complètement, de l'intérieur, pas une petite escapade. Alors tu verras que plus tard, bientôt, dans quelques jours tu reviendras au tai-chi pour faire un grand bond en avant. »

Je suis sorti du Forum fâché à mort. Voilà le type de réponse sibylline dont j'ai horreur, une réponse de marchand des tapis. « Bond en avant », bond dans la poisse, oui. Il m'écoute attentivement, gentiment, pour après m'entraîner par le bout du nez, et m'inculquer en passant un joli sentiment de culpabilité. Ah ! ses fameux dix ans de pratique qu'il faut faire avant de prétendre être un bon pratiquant, et puis se taper dix enchaînements par jour, il faut être cinglé et avoir du temps, ça, oui. Et tout ça pour me dire que je devrais abandonner pour de bon. Il se moque de moi, il s'est toujours moqué de moi. Je ne suis qu'un de ses élèves parmi d'autres. Il ne m'a dit à aucun moment : « non, Gregorio, il ne faut pas te laisser entraîner par les impulsions primaires, il faut réfléchir et surtout ne pas perdre de temps. » Non, il m'a dit d'abandonner de l'intérieur, définitivement. Autrement dit : « Je me fiche de vous, de votre continuité, de votre vocation, de vos problèmes et de vos doutes. Faites ce que vous voudrez, ça m'est égal. »

Je rentre chez moi, dégoûté de tout. Dégoûté de moi-même, pour commencer. Je suis un lâche, pourquoi ne lui ai-je pas dit tout ce que je pense ? J'ai avancé comme prétexte mon manque de temps, le travail, alors que la vraie raison est que j'en ai marre d'être toujours remis en cause par ce foutu tai-chi. Je ne suis pas un homme de *chi*, je suis un homme de nœuds. Je ne suis pas souple, ma concentration est déficiente, je suis trop tendu au niveau des épaules, trop de tension interne bloque le *chi*, je n'ai pas la moindre idée de ce qui se passe dans ma tête. Eh bien, je suis un taré. Un taré en voie de développement, voilà.

Mais ce qui devait être fait a été fait. Point. À présent je reviens à mes occupations naturelles, en paix, corps et âme.

Je me prépare un bon plat de nouilles chinoises et je les dévore avec rage, car à ce même moment je me rends compte que Gu Meisheng est en train de donner sa leçon à deux cents mètres de chez moi. Et moi, qu'est-ce que je fais ? Je m'étouffe avec des raviolis ! Il peut partir d'un jour à l'autre et ne plus revenir, et moi je me permets de rater un cours ? Il faut être vraiment stupide. Tu es un imbécile, Gregorio, voilà tout. Alors je me dis que j'ai encore le temps d'y aller, je mets la tenue dans le sac, les chaussures, et je sors. En fermant la porte, je me rends compte du ridicule : tout le monde doit être au courant de ma décision transcendantale et je réapparais, tout pimpant, pour reprendre le travail. Je sens déjà les copains s'esclaffer. Je rouvre la porte, la referme en la claquant, jette le sac, plonge dans le pyjama, glisse sous la couette et m'enfonce dans les remords.

– Hello, monsieur Gu ?
– Oui.
– C'est Gregorio…
– Oui, Gregorio, je vous écoute.
– Hier soir… je m'excuse, je n'étais pas bien…
– Vous pouvez rattraper le cours d'hier si vous partagez le travail avec vos compagnons.
– Ah bon…
– Bien sûr, c'est très important le partage entre vous. Nous avons toujours fait ça, suivre les enseignements de notre maître et puis travailler entre nous. Vous verrez que parfois, ce partage s'avère plus intéressant que mes propres leçons.

Le lendemain je suis dans la première rangée à la Sorbonne, pour entendre sa leçon sur le chapitre 6 du *Daodejing*, écrit par Laozi[2] au IIIe siècle avant J.-C. Je branche mon petit magnétophone :

L'esprit de la vallée ne meurt pas,
Cela se rapporte à la femelle obscure.
La porte de la femelle obscure,
Cela se rapporte à la racine du ciel et de la terre.
Se développant en fibres innombrables, elle dure toujours ;
Son action ne s'épuise jamais[3].

Il nous explique que l'idée centrale de ce chapitre est de montrer le *dao* comme la source de tout ce qui vit. De cette Source jaillit un souffle vital qui nourrit l'univers entier.

– Il est la Mère, alors ?

– C'est ça, il est la Mère de tous les êtres. Il représente la force qui engendre, qui donne la vie.

– Vous avez dit qu'il n'existe pas mais que si l'on crie, c'est son écho qui répond.

– Comme il est en dehors du temps et de l'espace il n'est ni existant ni non existant. Il semble exister.

– Et la « femelle obscure » ?

– C'est la puissance créatrice du *dao*, qui agit sans laisser de traces. Elle est impossible à saisir, donc elle est « obscure ».

– L'« esprit de la vallée »…

– Il ne meurt pas. Oui, il est vide, sans corps, immatériel. S'il n'est jamais né, comment pourrait-il mourir ?

3.

Les origines du tai-chi chuan

La naissance du tai-chi remonte à l'époque où Chang San-Feng, un moine taoïste qui vécut au XIVe siècle, cheminait sur les montagnes du Wudang. Au lever du soleil, il fut surpris par le combat entre un oiseau et un serpent.

La légende veut que l'oiseau observait le serpent lové par terre, alors qu'il tournoyait au-dessus de lui. Le serpent le voyait s'approcher et s'éloigner, de plus en plus menaçant. Brusquement, l'oiseau poussa un cri perçant et, agitant ses ailes comme un éventail, fonça sur le serpent. Celui-ci secouait sa tête, la lançait de tous côtés, évitant les serres et les coups de bec de son attaquant. Se glissant en spirale, gardant toujours sa forme enroulée, il bondit soudain comme un éclair et le tua.

Chang San-Feng, saisissant en même temps l'importance de l'alternance entre le yin et le yang, se dit alors que la rondeur et la souplesse l'emportaient sur la rigidité. Après la bataille, il s'aperçut que l'oiseau et le serpent avaient tracé sur place un cercle. Le combat et ce cercle étant devenus le sujet de ses méditations, il conçut l'art du combat du tai-chi chuan.

Une autre légende affirme que Chang San-Feng reçut le tai-chi par une fée dans un songe.

Quant aux documents officiels du XVIII siècle, ils mentionnent Cheng-Xing comme pratiquant et enseignant le tai-chi chuan ; ce qui relie les origines de cet art du combat au clan de la famille Chen. La famille Chen de Chenjiagou avait des milices paysannes qui défendaient tout le village ainsi que les monastères et qui faisaient des rituels religieux taoïstes de combat contre les démons.

Cette école fut perpétuée par Yang Lu-Chan (Yang l'invincible) qui l'enseigna à la noblesse mandchoue vers la fin du XIX siècle. Mais c'est surtout grâce à son petit-fils, Yang Chen-Fu, que l'école Yang s'est développée. Grâce à l'observation minutieuse du comportement de six animaux : le singe, le tigre, la grue, l'ours, le serpent et le cerf, qui permit de capter leur mode de défense et de contre-attaque, fut conçu cet « art du combat du Principe premier ».

Comme nous, les êtres humains, appartenons également au règne animal, les actions de ces animaux transposés à l'homme ne contredisent nullement son anatomie. Bien au contraire : elles favorisent son maintien physique et mental.

Il s'agit donc d'un art martial composé de cent huit mouvements enchaînés. À la fois gymnastique de santé, art martial, art de vivre et chemin spirituel, le tai-chi est appelé l'« art du combat du Faîte suprême » car il symbolise la poutre faîtière qui soutient toute la maison. Associé au Tao, il est celui qui sans agir (*wu wei*) crée et soutient le monde.

Le moyen principal pour avancer en tai-chi consiste à affiner et sublimer son énergie vitale, le *chi*, afin d'ouvrir la conscience à une dimension supérieure. Cela peut se faire de façon dynamique, par l'enchaînement des mouvements, ou de façon statique, par la méditation assise, le *dhyâna*.

L'homme est l'intermédiaire ente le ciel et la terre, disent les taoïstes. Afin de retrouver sa vraie nature et contribuer à l'équilibre du monde, il lui faut sortir de l'agitation du corps et de l'esprit et atteindre le « ciel antérieur », état de paix intérieure qui lui permettra de vivre en harmonie avec la nature et les êtres qui l'entourent.

4.

Les règles

Notre maître de tai-chi, Gu Meisheng, nous a appris à écouter les sources de nos vies. L'une d'elles est notre énergie vitale, notre souffle, le *chi*. Faisons du pain sans farine, nous verrons le résultat. Préparons une bonne soupe sans eau et sans légumes. Imaginons un chef d'orchestre qui déploie sa partition devant lui, prend sa baguette et s'apprête à exécuter *Le Chant de la terre*, de Gustav Mahler, mais sans musiciens...

C'est ce qui se passe lorsque nous voulons entretenir notre fameuse « forme » : avec notre corps doté de ses systèmes nerveux, sanguin, neuronal, nous avons l'intention la plus fervente d'aller de l'avant, mais... nous ne disposons que de notre énergie musculaire, celle du ciel postérieur. Et malgré cela, nous nous lançons dans l'apprentissage sans soupçonner que cette énergie ne pourra répondre aux besoins de celui qui, en nous, cherche son épanouissement et veut dévoiler son visage. Visage que nous avons l'intuition, pour ne pas dire la conviction, d'avoir bien enfoui dans notre être. Et toutes les années qui suivront nous ne nous appuierons que sur la force de nos muscles.

Au lieu de cela, un maître qualifié, digne de ce nom,

fera que sa propre réalisation rende évidente la présence de son *chi* dans chaque action et dans chaque explication qu'il donne sur cette action. Ce sera par l'intime résonance interne entre maître et disciple que le mimétisme agira, soutenant du dedans l'apprentissage progressif de son élève.

L'une des meilleures définitions du *chi* est donnée par Isabelle Robinet : « On traduit souvent le terme par "Énergie" ou "Souffle", traduction rassurante pour l'esprit occidental, mais qui comporte un certain préjugé. En Occident, le terme "énergie" renvoie à des phénomènes mesurables comme l'énergie électrique, électromagnétique, nucléaire, calorifique ou mécanique. Pour se rapprocher du sens oriental, il faut se tourner vers la racine grecque *energeia* (force en action) qui inclut la vitalité, la force physique ou morale, ainsi que la vigueur ou la puissance d'un organisme. On peut également penser au *pneuma* des philosophes grecs : le "souffle de vie". Une autre façon de traduire le terme *qi* (*chî*) est Énergie vitale. Cependant, le qualificatif "vital" doit ici être pris dans un sens large ; dans la pensée chinoise, tout – les êtres vivants aussi bien que le monde inanimé – est habité d'une même Énergie vitale (qu'on pourrait, à la limite, associer au mouvement des ondes-particules élémentaires). L'univers s'autocrée perpétuellement en une évolution constante (…) à partir d'un matériau unique, le Souffle primordial ou *yuan qi* qui n'est ni matière, ni esprit[1]. »

Cette écoute du *chi*, chère aux moines taoïstes qu'on appelle les « spécialistes du *chi* », non seulement nous permettra de découvrir les arcanes de notre anatomie, mais de voir le Souffle vital agir dans nos organes, dans nos os, nos cellules nerveuses, comme un sage et patient guérisseur.

C'est le courant énergétique interne qui déliera les multiples nœuds de notre corps-esprit.

De cet « homme de nœuds », Gu Meisheng dit :

> « Le mot "nœud" est souvent employé par les bouddhistes et, sur le plan spirituel, celui-ci représente des attachements, des habitudes karmiques ; à mesure que les nœuds disparaissent, les forces augmentent sensiblement et les carcans spirituels sont brisés les uns après les autres. On jouira alors d'une grande liberté. Vous découvrirez vous-même ceci à mesure que vous progresserez : "Tiens, aujourd'hui, tout à coup, je trouve que quelque chose qui me bloquait là s'en va !" Avec l'œil du *dao*, on voit qu'il existe des centaines, des milliers de nœuds chez des êtres ordinaires ; de la tête aux pieds il n'y a que des nœuds. C'est l'homme de nœuds ! Généralement tous les êtres ordinaires sont ainsi. Le malheur est que ces gens, au lieu de les diminuer, cherchent à en augmenter le nombre en les consolidant. Pourquoi ? Parce qu'ils trouvent que c'est bien ! Il n'y a rien à faire, si vous dites à quelqu'un : "C'est là une habitude dont il faut se débarrasser", il vous répond : "Mais pourquoi ?" »

Au fur et à mesure que le *chi* nourrit nos organes, et toujours grâce à une pratique régulière, il épargnera une partie de nos forces pour constituer un noyau dans notre ventre. Rappelons l'un des principes de la médecine traditionnelle chinoise : nos maladies sont le résultat d'une circulation déficiente de nos énergies. Si notre foie est souffrant, il cherchera à pallier ses défaillances en prenant l'énergie de l'estomac, qui devra à son tour prendre de l'énergie aux poumons, et ainsi de suite, créant un dérèglement général.

Donc cette réserve que le *chi* crée dans notre ventre deviendra avec le temps une boule d'énergie qui passera par différents états et constituera un *dantian*[2]. En diminuant de volume sa capacité grandira. Divisé en deux, moitié yin, moitié yang, cet antagonisme complémentaire va engendrer la dynamique.

À partir de ce moment, l'écoute du *chi* se centrera sur l'écoute de ce *dantian*, qui peu à peu pourra, grâce à sa puissance, entraîner le corps tout entier pendant l'exécution des mouvements.

Toutes les parties intégrantes de notre discipline, le *daoyin* (automassage) ; le chigong (exercices de base) ; le *tuishou* (aspect martial), le tournoiement autour du mont Meru, les mouvements enchaînés, la méditation assise, la marche chan[3], notre alimentation, notre sommeil, vont converger et appuyer cette action du *dantian* inférieur. Jusqu'au jour où l'intensité de l'action du *dantian* inférieur se verra sollicitée et guidée par le *yao*. Qui est ce *yao* ? Un point situé au milieu de la taille que l'on l'appelle le « commandant », car il conduit tous les mouvements. C'est lui qui ouvrira la porte au *mingmen*, le feu de la vie.

Maître Gu Meisheng disait :

« Voyez-vous, depuis des années, mon enseignement du tai-chi chuan n'a pour autre but que de vous aider à constituer votre *yao*. Réfléchissez un moment à toutes les règles que je vous ai apprises, toutes les corrections que j'ai apportées à votre pratique ; tout cela vise à vous aider à ériger votre *yao*. Sans celui-ci, il n'y a pas de chef d'orchestre, pas de véritable coordination des différentes parties du corps qui autrement agiraient chacune de leur côté. De plus on ne pourrait pas non plus produire suffisamment de *chi*. Car pour produire du *chi*, il faut allumer le feu qu'on appelle le "feu du *mingmen*" et ce feu ne s'allume qu'à l'aide des mouvements du *yao* ; sans le *yao* il n'y a pas de centre du corps. »

« Le *mingmen* fut localisé successivement dans le rein droit, entre les deux reins, dans l'abdomen, dans les uretères (…) (il) était considéré comme régissant le Feu ministre[4]… » Ce feu du *mingmen* fait que le *chi* s'affine et entame sa montée, enroulé dans la colonne vertébrale, jusqu'au *dantian* supérieur. Une fois là, il deviendra *chishen*, puissance spirituelle capable de nous mener vers notre but ultime : l'identification définitive avec notre source originelle, notre vrai Moi.

À l'aube
le soleil gravit les cimes des pins.
Ce sortilège
de quelle flamme jaillit-il ?

5.

Les éléments qui intègrent la pratique du tai-chi

Quels sont ces éléments ?

- Le *daoyin*.
- Les exercices de base.
- Le *tuishou*.
- Les mouvements enchaînés.
- L'examen de l'esprit.
- La marche chan.

Imaginons une séance de travail où nous pouvons suivre les étapes suivantes :

Salutation à l'espace qui nous accueille

Avant d'entrer dans le dojo, ou dans un jardin, dans la montagne, etc., où aura lieu la pratique, on salue l'endroit qui nous accueille. Il s'agit d'un signe de reconnaissance envers cet espace qui nous permet d'accomplir le rituel du tai-chi.

Salutation au maître

Nous saluons notre maître (même s'il est absent), en le remerciant de nous avoir instruits et habilités à mener à bien notre pratique.

Pour ceux ou celles qui n'ont pas de maître, ils saluent leur maître intérieur.

Faire les trois pas et entrer dans le tai-chi chuan

Nous avançons de trois pas qui symbolisent notre sortie du monde quotidien et notre entrée dans le tai-chi.

Salutation au ciel et à la terre

Tous les participants, face à l'animateur de la séance, appuient les paumes des deux mains au-dessous de l'ombilic et visualisent « la pleine lune reflétée dans l'eau » à l'intérieur du *dantian* inférieur (centre énergétique situé dans le ventre).

La pleine lune et l'eau sont deux images yin, lesquelles, superposées, contribuent à apaiser les énergies internes (*chi*), à les homogénéiser et à les concentrer. Lorsque cette image prend suffisamment de force, l'énergie qu'elle contient commence à s'épandre « jusqu'à remplir l'univers ».

Il ne s'agit pas de prétendre remplir l'univers avec notre énergie individuelle, mais de prendre conscience de l'identité qui existe entre notre *chi* personnel et le *chi* cosmique. Ce qui éliminera, avec le temps, la fausse notion de séparation entre nous et le grand espace dans lequel nous évoluons.

L'expansion du *chi* se fera vers les dix directions : le haut et le bas, le nord et le sud, l'avant et l'arrière, et vers les quatre diagonales.

Il nous faut respecter le rythme du *chi* et attendre à ce qu'il arrive à son point culminant. Point qui marquera son retour vers le *dantian* inférieur, où il se concentrera de nouveau.

Cette salutation finie, nous entamons :

Le daoyin (automassage)

La matière première du *daoyin* est l'énergie interne (*chi*).

1. « L'éveil du corps » : il nous faut masser nos poignets, chacun de nos doigts, nos paumes et puis frotter nos mains en entier jusqu'à ce qu'elles « deviennent des hirondelles ».

Avec nos mains pleines de *chi*, nous frappons ensuite le corps, de la tête aux pieds et des pieds à la tête. Ce qui réveille nos muscles et nos organes. Pour ce faire, nos mains doivent ressembler à une fine planche de bois qui frappe sans violence et sans s'attacher. Autrement, les tensions qu'elles cherchent à évacuer du corps s'enfonceraient davantage.

Après chaque massage, il nous faut secouer nos mains, afin que les tensions dégagées aillent vers la terre, qui va les absorber et les neutraliser.

Ensuite, nos mains, grandes ouvertes, massent toute la peau du corps, faisant « fleurir la couenne qui nous enveloppe », selon un vieux dicton chinois.

Puis, alors que l'une de nos mains soutient le front, l'autre vivifie le cou « entrant dans sa chair ».

Quant aux pouces, ils harmonisent la nuque en massant la zone située derrière le cou, ainsi que l'occiput.

2. « Nos mains rallument le visage », expression qui signifie le massage méthodique des joues, du front, des oreilles, du nez, des mâchoires, des glandes, des gencives, des globes des yeux, des os sous les sourcils, sur le centre du menton, en tapotant avec le bout des doigts sur le crâne, en empoignant des masses de cheveux et en tirant dessus pour les raffermir, finissant par un vigoureux massage à pleines mains du visage et de la tête.

3. Avec le pouce et l'index, masser le « point du milieu[1] », situé entre les deux sourcils ; suivi de l'exercice « les yeux tournent derrière le regard » : notre regard tourne en rond, ce qui fera que nos globes oculaires le suivent, faisant une grande rotation vers la gauche et vers la droite. Travail des muscles qui maintient la souplesse des yeux et diminue la tension des muscles qui les entourent.

4. Les mains se superposent l'une sur l'autre pour masser en rond la poitrine. Cela apaise le cœur et le plexus solaire. Puis le massage descend, toujours en rond, vers le ventre, ce qui calme l'appareil digestif et fortifie le *dantian* inférieur.

5. Une concentration s'ensuit, afin que le *chi* remplisse complètement nos mains. Lentement, alors, prenant soin de ne pas disperser cette énergie, nos mains effleurent la surface de notre tête, notre visage, notre poitrine et le ventre, nos bras et nos jambes. En arrivant aux pieds, les mains s'unissent, fermant ainsi cet « ensemble » des énergies subtiles qui entourent notre corps.

6.

Les talons

Le mercredi suivant, au Forum, je me suis placé face à Gu Meisheng lorsqu'il est revenu aux exercices de base. Il a effectué tout d'abord « les mains jointes percent le ciel[1] ». Voici ce que j'ai retenu : Pour aborder cet exercice il faut tout d'abord placer correctement les pieds. Sous la plante des pieds, au milieu, se trouve un point qui s'appelle la « source bouillonnante ». Lorsque nous soulevons légèrement cette source (comme si on l'aspirait), la voûte plantaire se dessine parfaitement et les orteils s'appuient solidement au sol.

– Est-ce que vous sentez ça ? nous a-t-il demandé.

– Oui, a répondu l'un d'entre nous, je me rends compte que le talon assume une position prépondérante. Il devient la base de l'axe.

Alors j'ai ajouté que le talon m'était apparu comme une entité vivante.

– Entité vivante…, pas mal, a-t-il dit. Laozi écrivait : « Les talons respirent. »

En l'entendant dire cela, m'est venue à l'esprit une intervention de François Jullien à la Société de psychanalyse freudienne : « Nourrir sa vie, c'est maintenir sa vitalité dans ce régime totalement alerte, décoincé, désengoncé…

41

qui fait que ça circule… D'où l'importance de la respiration qui fait circuler le tout : le sage respire par les talons (tout qui respire, tout qui communique) et le commun par la gorge. »

Pendant la pause, M. Gu nous rappelle que le talon interne est différent du talon physiologique. Que celui-ci nous aide à appuyer notre corps et à nous déplacer, alors que le talon interne est fait de *chi*. C'est le souffle vital du talon qui va tourner et faire tourner tout l'axe jusqu'au sommet de la tête.

Lorsqu'on reprend l'exercice, je sens que mes talons prennent vie et cela m'impressionne, car jusqu'à ce jour mes talons n'étaient que de l'os recouvert d'un peu de chair. Et en même temps, je ressens qu'en appuyant mon talon physiologique, le talon interne s'enfonce de dix à quinze centimètres dans le sol. Puis, lorsque je l'enlève, pour qu'il décroche vraiment du sol, le *chi* doit monter aussi une quinzaine de centimètres sur ma jambe. Conclusion : le talon du *chi* a une dimension énergétique d'une grande latitude.

Par la suite, M. Gu nous apprend à aligner nos genoux avec le deuxième orteil, ce qui oblige les pieds à se mettre en parallèle et à redresser la taille tout en assouplissant les hanches. Il nous fait marcher en rond en gardant la position des pieds, avec la « source bouillonnante » et les orteils qui s'appuient solidement au sol, les genoux alignés, etc., et je constate que j'ai toujours marché comme un canard, que mes pieds étaient des momies enfouies dans des chaussures style bunker, en cuir et sans fenêtres.

Fidèle à mon habitude de pratiquer chez moi jusqu'à deux heures, voire trois heures du matin, afin de ne pas oublier ses indications, lorsque je me concentre sur les talons, je « vois » qu'à l'intérieur des talons il y a une petite sphère divisée en yin-yang. À chaque tournant de mon corps, ce petit *dantian* pivote, tourne sur lui-même, appuyant les initiatives du *yao*. Parfois, ce sont les talons qui prennent l'initiative et font tourner le *yao*, en imprimant une rotation à l'axe, qui se dresse de ce fait jusqu'à la « porte du ciel » (sommet de la tête).

Avant de m'endormir, j'ouvre le Zhuangzi :

« Une fois, Chuang Chou rêva qu'il était un papillon, un papillon voletant et voltigeant tout autour, heureux en lui-même et faisant comme il lui plaisait. Il ne savait pas qu'il était Chuang Chou. Soudain, il se réveille et le voilà solidement, immanquablement Chuang. Mais il ne savait pas s'il était Chuang qui avait rêvé qu'il était un papillon, ou un papillon rêvant qu'il était Chuang. Entre Chuang Chou et un papillon il devait y avoir quelque distinction, tout de même ! Cela s'appelle la Transformation des Choses. »

Et puis je m'endors en respirant joyeusement… par mes talons !

Le lendemain, de bonne heure, après avoir fait trois enchaînements, je me regarde dans le miroir. C'est curieux, je me dis : quand j'exécute les mouvements, je m'imagine plus grand, plus beau, avec un regard pénétrant, envoûtant même. Et à présent…. Je me rappelle alors cette phrase de Borges : « Les miroirs sont abominables. » Pourquoi dites-vous ça, Borges ? « Parce qu'ils reflètent la réalité. »

Et cependant, cette « réalité » est la seule capable de nous dire si nous avons vraiment changé de regard. Nous sommes habitués à prendre comme argent comptant tout ce que nos sens nous disent. Mais nous ne tenons pas compte du fait que notre regard est conditionné, coloré par nos émotions, nos sentiments, nos désirs. Si j'arrive heureux au cours de notre maître, satisfait de mes progrès en tai-chi ou du fait qu'on vient d'augmenter mon salaire, je vais voir tous les gens comme des êtres beaux, généreux, dignes de mon estime. Mais si je sors d'une dispute avec ma compagne, l'accusant de ruiner ma vie avec ses jalousies, je verrai toutes les femmes comme des mégères, et les hommes comme des traîtres qui veulent séduire la femme que j'adore.

Alors puis-je affirmer que je suis libre des fluctuations de mon esprit ? De quelle réalité parle donc Borges ? Sans doute pas de la même qu'évoquent les maîtres chan : « La merveilleuse vie de tous les jours. » Ou, comme dit Devananda : « *That is this* », « Cela est ceci ». C'est la vision des êtres et des choses venue du plus profond recoin de notre conscience (Cela), qui peut nous révéler la véritable nature des êtres et des choses (ceci). Car celui qui regarde le monde à partir de son ciel antérieur ne dépend nullement des émotions ni des désirs, et n'est pas mû non plus par des vouloirs particuliers. Il est impersonnel, et pourtant profondément incarné dans chacun de ses actes quotidiens.

7.

Chigong[1] : *exercices de base*

Ces actions dites « de base » ont pour objet :

– L'assouplissement et l'affermissement des articulations.

– Le dragage des méridiens (principalement celui de la poitrine et celui du dos). Autrement dit : faciliter et activer la circulation du *chi* dans tout le corps.

– L'écoute du *chi*. Pratique capitale, car le *chi* est le Souffle vital qui nous anime ; et le tai-*chi*, le chemin de retour qui nous mène du ciel postérieur vers le ciel antérieur. Ce qui veut dire, selon la terminologue taoïste, passer progressivement de l'énergie musculaire (externe) à l'énergie interne (*chi*).

– La concentration et le raffinage des énergies dans le ventre, afin de constituer le *dantian* inférieur.

– La constitution du « pilier de diamant », axe qui prend naissance dans les talons, monte par la colonne vertébrale et culmine dans le sommet de la tête.

– L'éveil des talons internes. Nous avons des talons de chair et d'os. À l'intérieur de ceux-ci peuvent s'éveiller les talons « internes ». Ils deviennent alors des petits *dantian* qui vont constituer la base du pilier de diamant.

L'éveil du *yao*, point central du pilier de diamant, situé au milieu de la taille : si nous imaginons un homme avec les jambes et les bras écartés, et faisons passer une diagonale qui va de sa main gauche jusqu'à son pied droit, puis une autre diagonale qui va de sa main droite jusqu'à son pied gauche, ces deux diagonales se croisant au centre du corps. Ce point d'intersection qui se trouve sur la colonne vertébrale, c'est le *yao*, le « commandant », car il oriente et dirige l'exécution des exercices de base ainsi que les cent huit mouvements enchaînés.

Le *yao* a quatre assistants principaux : le *dazhui* et le *bai-hui*, ainsi que le coccyx et les talons.

Le *dazhui*, qui se trouve à la confluence des vertèbres dorsales et cervicales, le relie *matériellement* au ciel. Et le point *baihui*, situé au sinciput, au sommet de la tête, relie spirituellement le *yao* au ciel. Le *baihui* occupe la position dominante du corps humain. Selon le *Traité du Tai Ji Quan*, « le point *baihui* domine tout le corps ». Le coccyx tire matériellement le *yao* vers la terre. Le poids du complexe sacrum-coccyx évite que le *yao* flotte vers le haut. Quant aux talons, ils enracinent le *yao* dans la terre. Ils constituent les fondations du *yao*.

Lorsque le *yao* se voit soulevé par le *dazhui* et tiré vers la terre par le coccyx, il se sent comme suspendu dans l'espace, libéré de l'attraction du ciel et de la gravité de la terre. Alors il assume toute son intensité, il brille comme une étoile. Sa fulgurance éclate jusqu'aux bouts des doigts et des orteils.

Mais le cœur du *yao* est vide. Et c'est cette vacuité pleine qui va engendrer la femme ou l'homme de *chi*, créant en soi l'œuf lumineux. Qu'est-ce que tout cela signifie ? Le vide central du *yao* est immobile. Il est toujours en *wu wei*, sans action. « Toutes choses surgissent sans qu'il en soit l'auteur » (Laozi). Mais il engendre la dynamique de la roue : c'est sur ce vide essentiel que vont se greffer les rayons qui feront tourner la roue : les bras et les jambes du pratiquant. Dynamique qui nous permettra :

– De remplir tout le corps du *chi*, afin que les mains et les pieds atteignent l'indispensable « lourdeur en suspension ». Pour ce faire, il nous faut bien détendre notre cerveau, son système nerveux, qui va, lui, détendre le système musculaire. Ces détentes facilitent la circulation du *chi*, permettant que tout le corps se remplisse du Souffle vital.

– De prendre conscience de la présence et de l'action du ciel et de la terre, l'être humain étant considéré par les philosophes taoïstes comme l'intermédiaire entre ces deux entités.

– De développer la concentration de l'esprit. L'attention qu'exige l'exécution correcte de ces exercices empêche la divagation du mental et améliore l'acuité mentale.

– De prendre conscience de l'espace dans lequel se déploie la pratique : saisir ses diagonales, ses rectangles, ses carrés et ses cercles, ainsi que le haut et le bas.

– De cultiver la présence de soi à l'intérieur de l'espace dédié à la pratique : se rappeler qu'il constitue le laboratoire où aura lieu notre apprentissage, la découverte de nous-mêmes, et notre évolution.

8.

L'écoute du chi

« Le Souffle (*chi*) unique et universel se présente, dans l'univers comme dans le corps, sous deux modalités complémentaires : le *yin*, correspondant à l'ombre, à la lune, au féminin, à la nuit, et le *yang*, à la lumière, au soleil, au masculin, au jour. *Yin* et *yang* s'engendrent mutuellement et évoluent suivant les cycles des jours et des saisons ; selon le *Guanzi*, "le *yin* et le *yang* sont les grands principes du ciel et de la terre, les quatre saisons sont les grands régulateurs du *yin* et du *yang*"[1]. »

Lorsque j'entame le travail du tai-chi avec un groupe de débutants, je m'adresse directement à leur vrai Moi. Partant du principe que nous sommes tous ce Moi depuis toujours et même avant notre naissance, inutile d'essayer de le contourner avec des exercices sur la « forme ». Terme ou concept contre lequel je m'insurge.

Est-ce que Michel-Ange sculpte son *David* en perfectionnant sa forme extérieure pour plus tard lui infuser son âme ? Le bloc de granit où l'artiste « voit » son *David* contient déjà l'esprit de son œuvre. À quoi bon penser à sa « forme » ? Michel-Ange n'a fait que trouver sa résonance intime dans le cœur du roc. Son *David* existait déjà dans la pierre, son créateur n'a eu qu'à éliminer le superflu pour que celui-ci jaillisse entièrement, sa forme transcendée par son âme. Bien sûr qu'il a fallu en sus la dextérité du sculpteur pour aller avec son marteau et son burin au cœur de la roche et dégager ainsi le trésor qu'elle contenait.

Jean-Sébastien Bach ne pense pas aux structures mélodiques de son époque pour composer sa *Suite* n° 5. Il a déjà en lui la totalité de sa sarabande pour violoncelle, et ne perdra pas son temps à composer une mélodie « formelle » pour après, peu à peu, lui donner la profondeur que nous connaissons. Sa sarabande est une émanation directe de sa sensibilité, inscrite depuis toujours dans son for intime et qui va fleurir dans l'œuvre musicale.

L'observation des règles dans le tai-chi est importante. Importante, mais non essentielle. L'essentiel se trouve dans la démarche du pratiquant. Il lui faut répondre à l'appel qui le sollicite du plus obscur mystère de lui-même. Et pour y répondre il lui faut chercher la structure des mouvements dans ces ténèbres nourricières qui vivent en lui.

« Aller d'un mystère à un plus profond mystère, voilà la porte de toute merveille », dit Laozi.

Autrement, le risque qu'il encourt est de donner la priorité à l'aspect formel du tai-chi, l'aspect le plus véniel. Aspect qui risque d'être récupéré par son ego, toujours projeté vers l'extérieur, et le conduire vers des prouesses techniques, au lieu de l'orienter vers la connaissance de lui-même.

Ce « chemin du retour », comme l'appellent les taoïstes, l'obligera à chercher en lui-même la spontanéité perdue, la paix originelle ensevelie par les contingences de la vie, en luttant contre un demain toujours menaçant, contre le temps annonciateur impitoyable de sa mort.

Retour vers une liberté sacrifiée non seulement par lui et par sa famille, mais par l'humanité tout entière. L'humanité qui affronte chaque jour un monde terrestre et céleste qui l'ignore, qui lui donne la même importance qu'à un fétu de paille. Comme ces poupées de paille des bouddhistes que l'on brûle à la fin de la cérémonie.

Donc, depuis le tout début, se poser la question : qui suis-je ? En quel moment de ma vie je me trouve ? Quelle est la motivation de ma pratique du tai-chi chuan ? D'où me vient la décision de l'étudier ?

Nous pensons en général que c'est nous-mêmes qui prenons les décisions dans notre vie. Mais à regarder de près, l'appel vient de l'intérieur. Une poussée vers la liberté se fait entendre depuis les coins les plus enfouis de nos entrailles, du fond le plus caché de notre âme.

Nous sommes tous les geôliers de notre vrai Moi. Nos sentiments les plus légitimes, nos désirs les plus ardents, nos rêves et la poésie latente dans nos cœurs se trouvent derrière les barreaux de notre mental, ce despote tout-puissant. Alors ce ne sera jamais lui, notre moi quotidien, qui voudra se mettre dans la gueule du loup. Il va freiner de toutes ses forces devant une discipline qui menace son trône, sa gloire, son hégémonie.

Le débutant alors, se voyant impuissant pour échapper au despotisme de son moi, cherche. Mais il cherche quoi ? Il cherche de l'aide. « Lorsque le disciple est prêt, l'éducateur apparaît. » Voilà que jaillit comme par enchantement celle ou celui qui va lui tendre la main pour le sortir du bourbier. Mais il n'y a pas d'enchantement, les choses importantes dans nos vies se passent dans la clarté du matin, sans nuages sur nos têtes.

Cette personne qui arrive parce que nous l'avons instamment appelée nous fait monter dans sa barque, nous donne une rame et prend la deuxième. Le débutant ne sait pas ramer, mais la voyant faire, il apprend. Il ne connaît pas l'eau, mais observant comme son ami enfonce bien la rame tout en orientant la barque, il apprend qu'il est intimement lié à son embarcation et que celle-ci dépend de la bonne entente qu'elle établira avec le fleuve.

Et ainsi de suite, mille détails qui sous-tendent les règles de notre tai-chi. Ce n'est pas par des explications théoriques que le débutant saisira les principes essentiels de notre discipline. Comme cela se passe entre les deux navigateurs, ce sera par émulation, par mimétisme, que ses bras connaîtront le poids et la force de la rame, qu'il comprendra le caractère de l'eau afin de s'allier à elle et non pas la contraindre, voire la contredire. C'est en voyant la ferme opiniâtreté du conducteur de l'embarcation qu'il apprendra l'importance de bien connaître l'objectif de son voyage et à n'en dévier à aucun moment.

> *Le jour avance d'un pas de coq*
> *L'ombre replie ses ailes*
> *Qui n'a pas entendu le vent des nuages ?*

Les règles dans notre discipline sont là non pas pour nous accabler, mais pour nous guider, pour nous aider. C'est la meilleure façon de faire les choses.

Et l'instructeur qui les connaît, qui a su les intégrer en lui-même, les enseigne, non pas en les imposant de façon autoritaire, mais en les laissant « émaner » de lui-même. Telle l'eau de la rivière « accueillant » la pirogue. Il doit être lui-même l'expression la plus fidèle des règles qu'il transmet. À chaque coup de sa rame il oriente, stabilise, redresse, fait glisser l'embarcation.

Souvenons-nous de ce que disait Gu Meisheng de ce général qui ordonnait à sa troupe : « Préparez-vous, mes braves soldats, et... allez-y ! » Il énonçait tout, mais il n'incarnait pas son énoncé.

L'enseignant doit avoir réalisé, pertinemment, sa véritable nature. Ce n'est plus untel ou unetelle qui enseigne. C'est cet anonyme en nous, ce précieux trésor impersonnel que nous sommes, sans mérites, sans affaires, sans nom, sans visage, à qui nous devons ouvrir nos portes afin qu'il puisse déployer les ailes de son savoir, plonger dans le cœur subtil de son élève et l'imprégner tout entier.

Non pour s'imposer à lui comme son maître, mais pour éveiller en lui le même Moi qui à son tour le guidera. Et ainsi pendant de longues années, jusqu'au jour où le disciple aura su s'identifier au vrai Moi de son maître, vibrer dans la même intensité, et de cette façon ne plus dépendre de lui. Et enfin l'aimer sans calcul, sans motif, sans le moindre intérêt. Parce que son amour et celui de son ami de bien ne font qu'un même et seul sentiment.

9.

Exemples d'exercices de base

« L'aigle déploie ses ailes »

Se tenir debout, les mains le long du corps. Penser aux deux talons et attendre que le *chi* arrive jusqu'au bout des doigts. La conscience monte alors vers le ciel et les mains se lèvent horizontalement derrière elle. Ne pas lâcher l'écoute du *chi* jusqu'à ce que les mains arrivent à hauteur des yeux. La conscience descend alors vers la profondeur de la terre, et les mains la suivent, reprenant ainsi leur position initiale le long du corps. Elles se relaxent, puis on pense de nouveau aux talons faisant monter le *chi*, etc.

« Les mains jointes percent le ciel »

Se tenir debout, la conscience monte vers le ciel, les mains la suivent jusqu'à se réunir face aux yeux. Ainsi unies, elles montent vers le ciel, telle une flèche qui perce les profondeurs de l'espace. En même temps, le coccyx descend, produisant un étirement de la colonne vertébrale. Maintenir quelques instants cette élongation, suivie d'une relaxation de toutes les vertèbres, puis laisser descendre les mains. Recommencer de façon identique.

« Le grand cercle »

Laisser les mains monter toutes seules devant soi (soutenues par le *chi*), les pointes des doigts légèrement soulevées. Arrivées à la hauteur des yeux, les appuyer l'une contre l'autre au niveau des poignets (pour les femmes la main droite en dessous ; pour les hommes la gauche). Les mains se soulèvent alors et s'écartant décrivent un très grand cercle, pour descendre après en rond et reprendre la position initiale.

« L'homme ou la femme ivre »

Ce mouvement propose d'adopter l'attitude d'une personne ivre, dont le corps tout entier s'abandonne. Le laisser alors bouger à sa guise, se déplacer, sauter, tourner, gardant les yeux toujours ouverts afin d'éviter des chutes possibles. La voix et le cri peuvent aussi être libérés. L'écoute du *chi* est indispensable, sinon la pratique n'aura pas la moindre portée. L'instructeur suivra attentivement cette pratique afin d'éviter tout débordement intempestif.

« Les chi *du ciel et de la terre nourrissent le ventre* »

Cela évoque la phrase de Laozi : « Vider le cœur et remplir le ventre. » Les mains se lèvent en cercle sur les côtés, très haut vers le ciel, les paumes grandes ouvertes. Elles y restent quelques instants, attendant que le yang du ciel les remplisse. Alors elles descendent devant soi et versent cette énergie céleste sous le nombril, dans le *dantian* inférieur, où elles vont s'appuyer l'une sur l'autre. Les mains se tournent vers la terre. Là, elles attendent que le *chi* de la terre les remplisse. Alors elles reviennent au *dantian* inférieur et versent cette énergie yin.

10.

Des lampions sur le Gange

Un soir, au bord du Gange, voyant les lampions que les fidèles déposaient sur le courant du fleuve, j'ai entendu Huang-Po[1] nous parler de l'Absolu. La voix du maître m'arrivait au milieu des chants, des derniers cris des singes et du clapotis des pèlerins qui plongeaient dans « la lune reflétée dans l'eau » :

« Pratiquez chaque jour le repos permanent de l'esprit : marchant, debout, assis, couché. Pleinement concentré à ne penser, ni distinguer, ni associer, ni s'attacher. Laissant tout simplement les choses aller leur train au long des jours. Inconnu du monde. Vierge de toute presse d'être connu ou non des autres. Et l'esprit devenu bloc de pierre et ne comblant nul trou… Alors : l'Absolu tout entier viendra vous pénétrer. Soudain vous vous verrez fermement libéré… »

Je marche sur les rives du fleuve sacré, la voix de Huang-Po s'éloigne, mes pieds entrent timidement dans l'eau qui avance et recule comme si elle fuyait le grand courant. Suis-je aussi un fugitif ? De moi-même, oui, bien sûr. Je doute trop. Laisser les choses de la vie suivre leur chemin, ne pas intervenir, écouter, suivre les vagues comme un bouchon qui monte, s'enroule, descend selon la volonté de la mer. Inconnu du monde ? Ah ! Gregorio veut qu'on sache qu'il est là, dans la ville sainte, debout sur la planète Terre ; ne pas l'oublier, reconnaître ses mérites, l'inclure dans la postérité, graver son nom sur le marbre du système solaire.

Poursuivre la progression vers mon vrai Moi… chemin de retour vers ma vraie nature… le Moi n'est pas modifiable, il est pur et entier depuis toujours… même dire « toujours » est incorrect car il est au-delà de toute contingence… je suis ce Moi… est-ce ma conviction ?

Ni décantation ni ajouts. Notre Moi est complet en lui-même, pour toujours ; au-delà du temps et de l'espace. Libéré. Pratiquer la liberté du repos de l'esprit.

Mes vieilles habitudes, les vieilles peurs, les nœuds de mon corps et de mon mental sont encore là, bien serrés, et réclament leur reconnaissance. Je le fais, avec patience, avec tendresse. Ce sont mes propres créations, en fin de compte, il s'agit de mes enfants. La peur de l'enfer, c'est mon fils souffrant ; la peur de la solitude, ma fille désespérée. La vie est incertaine, la mort est derrière chaque porte, dans le vol de chaque avion, cachée dans une courbe de la route. Vivre en accord avec cette certitude. Devananda, mon guru hindou, me disait :

– Tu es Cela. Réalise que ta seule réalité est le Soi. Sors tout de suite de cette illusion qui te fait voir un serpent dans la corde. Attrape avec tes deux mains ce mensonge et jette-le dans la boue : de ce miasme naîtra la Réalité que tu es ! Comme ce lotus que tu vois là, puise ta vigueur dans cette vase et nage, nage contre le courant pour jaillir à la lumière. Enfin, Gregorio, deviens nénuphar !

Ce jour-là, il y a bien longtemps, chez Devananda, je marchais et marchais au bord de l'eau une fois de plus. Le Gange était loin de son ashram mais j'avais cette petite rivière qui me donnait des étoiles fugitives.

Ainsi va la vie. Nous « croyons » que Mathilde est comme ci, que Paul est comme ça, et notre fausse certitude nous fait plaquer sur ces personnes notre vision déformante. Nous ne voyons pas les vraies personnes, mais celles que notre illusion vient de créer. Comme la corde devenue serpent.

Quand Devananda m'avait poussé à tuer ce serpent que je croyais réel, il venait de m'enfoncer dans ma propre ignorance. Je tremblais, je craignais d'être piqué par une vipère noire qui ne me laisserait qu'une heure à vivre. Comment fuir ? Il avait pris la précaution de prendre les autres disciples à témoin. Et c'est mon orgueil, en réalité, qui a cherché, qui a voulu affronter le monstre. Pour réaliser, plein de honte, qu'il n'était qu'un bout de corde. Mon aveuglement m'avait fait voir un animal vivant, agissant.

Ma vie, je l'ai prise telle qu'on me l'avait donnée. Mes parents, mes aïeux, mes ancêtres qui remontaient aux aurores du genre humain croyaient dur comme fer qu'une corde dans la pénombre était un dragon. Et j'ai grandi parmi des dragons de toutes les couleurs et de toutes les formes. J'ai dû me battre avec eux, éviter leur morsure, chercher les moyens de les neutraliser, d'en faire mes alliés. Rien n'a marché. Je devais donc les éliminer, les tuer. L'inconnu est toujours dangereux. Mieux vaut un mal connu qu'un bien à connaître. Conviction qui a coloré ma vie : j'étais un être humain cerné d'animaux dangereux. Projection personnelle qui englobait toutes les races et nations et continents, même les Martiens qui déferlaient sur notre inconscient au milieu du XXe siècle. Prolifération de serpents qui devint un jour une hydre à mille têtes. J'en tranchais une, deux autres naissaient.

Le rire du guru, ah ! il savait que j'avais compris sa farce. Comme cela l'amusait de voir que son petit disciple, présomptueux, sûr de lui, recevait une claque en pleine figure. Gifle semblable à celle qu'il avait dû goûter de son maître qu'il vénérait ? Car lui aussi avait hérité des monstres de l'Inde, de sa caste de brahmanes, de son Ganga sacré, héritage qui avait fait de lui un petit tubercule noyé dans la boue ; l'obligeant à soulever la masse d'eau pour devenir ce guru hilare, content d'avoir réussi son coup. Mais à regarder de près, quelle tristesse. Voir que des millions d'êtres comme nous, en ce moment même, se livraient à l'âpre guerre contre des reptiles, se mordant les uns les autres, le puissant dévorant le petit. La loi du plus ignorant, du plus aveugle. Toute corde entrevue dans les ténèbres de son esprit n'est qu'un sale rampant à massacrer.

Océan du souffle
Un cœur de flamme
Ciel d'absence.

Il m'a fallu vingt ans pour comprendre que la vision que j'ai eue ensuite des trois yeux qui jaillissaient de la terre m'annonçait la formation de mes trois *dantian* : l'inférieur, le moyen et le supérieur.

Le Moi emploie des images qui nous sont familières pour nous dévoiler l'inconnu qu'il est.

Il pleuvait doucement en cette fin de mousson. Les arbres à pamplemousses arboraient fièrement leurs nouvelles pousses, la terre soupirait sous un soleil ragaillardi, des milliers d'insectes, soumis au silence des « larmes du ciel », déployaient leur gorge jour et nuit.

J'étais face à mon cher guru. Il parlait doucement, mais je ne l'écoutais pas. Je voyais ces grands yeux qui jaillissaient de la terre, entre lui et moi, comme des graines vivantes. Ils levaient leurs paupières et regardaient tout autour, sereins, comme étonnés. Depuis cet instant, cette vision des trois yeux ne m'a jamais quitté.

Puis, au fur et à mesure que ma pratique du tai-chi avançait, une image est venue confirmer le lien qui existait entre eux et les trois centres énergétiques : le *dantian* inférieur, situé dans le ventre, le *dantian* du cœur, dans la poitrine, et le *dantian* supérieur, entre les deux sourcils.

C'est avec le premier des yeux que j'ai eu la confirmation de la relation qui existait entre lui et l'image de la pleine lune reflétée dans l'eau, que je visualise au début de chaque séance de travail.

Cette image, faite de deux éléments yin, l'eau et la lune, se manifestait dans la zone où nos aliments se transforment en *chi*. Avec le temps, ce *chi* a pris corps pour devenir un jour l'embryon, une boule d'énergie divisée en deux parties : le yin et le yang.

Alchimie qui devenait évidente année après année. Jusqu'au jour où... Je me trouvais dans la tour de la maison de Radio France, au trente-deuxième étage. Je regardais la Seine qui coulait au-delà des toits de la maison ronde, lorsque la tour a commencé à bouger. Elle se balançait de gauche à droite, oscillation accompagnée d'une descente vertigineuse suivie d'une montée non moins angoissante. Je paniquais, tandis que la réalisatrice continuait à monter notre émission dans le studio. Je la regardais prêt à lui crier qu'il fallait descendre à toute allure car la tour allait s'écrouler.

Mais à ce moment j'ai compris que les oscillations venaient de mon ventre. Quelque chose tournait, montait, se déplaçait, ébranlant tout mon corps. J'ai fermé les yeux, soulagé mais en même temps envahi d'une émotion où se mêlait la joie de voir tant d'années d'efforts couronnées de succès. Car cela signifiait que mon *dantian* inférieur s'était formé et agissait. En même temps, une sensation de tristesse s'emparait de moi, car la lutte pour surmonter les difficultés m'avait accompagné si fidèlement que j'étais triste de l'abandonner.

Les oscillations du *dantian* se sont arrêtées. Je transpirais, les yeux pleins de larmes. Ce n'était qu'une étape, la prochaine ne tarderait pas à se manifester.

Cachant mes émotions, je suis entré dans la cabine de montage. Sabine m'a regardé tout en écoutant la bande enregistrée, elle a eu un moment de surprise, mais la voix qui la harcelait par le haut-parleur l'a ramenée à la réalité.

Comme l'émission que nous montions était « Le tai-chi à Shanghai », je lui ai raconté toute mon expérience. Elle s'est levée, m'a regardé dans les yeux et m'a embrassé, émue elle aussi.

Le soir, chez moi, j'ai composé le poème suivant, imaginant le *chi* comme un serpent initiateur.

Vertige du reptile railleur
devenu serpent qui dévoile.
La boue de mon esprit
où il se prélasse
nourrit son âme pour peupler ma voix,
mes regards,

le bout de mes doigts,
l'éloquente brume de mes pensées.
Enroulé dans mon ventre
le monde entier tressaille.
Mes yeux, mes oreilles, ma langue inerte,
tous muets face au mystère
forçant la passe sans porte
vers l'impensable.
L'impossible pensable.
L'au-delà de la parole
écrite ou prononcée.
Abîme montant par-delà
les vérités qui nous trompent,
frappant à coups de serpe la jungle obscure,
terrorisant mes singes, mes hyènes, mes anges blancs.
Les voilà, les farceurs de la sagesse !
Beaux, vaniteux, avides, amoureux.
Halte !
Ne me dévorez pas, c'est inutile.
Voici ma brèche ouverte,
faites de moi votre demeure,
elle vous appartient,
je suis à vous.
Vous et moi, nullement deux.
Un.
Mes pieds entrent timidement dans l'eau
qui avance et recule
faisant de moi l'atome dernier de son courant.

Commentaire

Vertige du reptile railleur
devenu serpent qui dévoile.

Le « reptile railleur » fait référence à la corde que l'on prend pour une vipère ; c'est pour cela qu'il est espiègle. Ensuite, quand on a compris son erreur, ce serpent illusoire devient un animal initiatique qui « dévoile » la réalité.

La boue de mon esprit
où il se prélasse
nourrit son âme pour peupler ma voix,
mes regards,
le bout de mes doigts,
l'éloquente brume de mes pensées.

Alors il va se nourrir de la « boue de mon esprit », c'est-à dire du trésor de notre mental, pour éclairer notre regard, affiner notre langue – organe du goût et de la parole ; il va déployer notre sensibilité aux vibrations du monde et aller jusqu'au « bout de nos doigts », autrement dit habiter notre corps tout entier. Finalement, il consolidera les précisions de nos concepts et de nos raisonnements, malgré toutes leurs défaillances.

Enroulé dans mon ventre
le monde entier tressaille.
Mes yeux, mes oreilles, ma langue inerte,
tous muets face au mystère
forçant la passe sans porte

vers l'impensable.
L'impossible pensable.
L'au-delà de la parole
écrite ou prononcée.

Une fois établi dans notre corps, il « s'enroule » sur lui-même « dans notre ventre », cet océan du souffle vital qui ne cesse de tourbillonner mettant en branle le « monde entier » (le corps est un microcosme, à l'image du grand cosmos[2]). Ainsi, nos six sens (l'esprit étant le sixième), unis à l'immobilité de la langue – « inerte » – qui annule toute réflexion, se voient « muets face au mystère » de l'Être.

Abîme montant par-delà
les vérités qui nous trompent,
frappant à coups de serpe la jungle obscure,
terrorisant mes singes, mes hyènes, mes anges blancs.
Les voilà, les farceurs de la sagesse !
Beaux, vaniteux, avides, amoureux.

Nos six sens forcent « la passe sans porte vers l'impensable » pour accéder au grand simulacre de l'existence : là où campent « les vérités qui nous trompent », « la jungle obscure » de la peur, de l'incertitude, les « hyènes » de l'avarice, les « singes » de l'orgueil. Et ils frappent, ils détrônent « les farceurs de la sagesse », font taire les hâbleurs aux mille mimiques.

Halte !
Ne me dévorez pas, c'est inutile.
Voici ma brèche ouverte,
faites de moi votre demeure,

elle vous appartient,
je suis à vous.
Vous et moi, nullement deux.
Un.
Mes pieds entrent timidement dans l'eau
qui avance et recule
faisant de moi l'atome dernier de son courant.

Mais… halte-là ! À quoi bon ces guerres fratricides ? leur dit celui qui comprend. Soyez mon fils prodigue. Entrez. Ne voyez-vous pas que vous êtes revenu chez vous ? Entrez, donc, profitons du plein soleil sur la rivière. « Vous et moi nullement deux. Un. »

11.

Exercices de base, II

« *Le pas de l'ours* »

Nous savons que le tai-chi a été conçu grâce à l'observation minutieuse du comportement de six animaux. Les exercices qui composent notre discipline s'accordent parfaitement à notre anatomie. Ils l'harmonisent en la fortifiant. Le pas de l'ours consiste à laisser le *chi* remplir notre corps pour qu'il acquière la densité et la pesanteur agile de cet animal. Alors marcher plusieurs pas vers l'avant puis vers l'arrière sans perdre ni la concentration ni l'écoute du *chi*. Le *dazhui* soulève le corps ; le coccyx le fait descendre.

« *Les deux soleils* »

Mouvement qui propose une disjonction des actions des mains : la main droite fait un grand cercle vers la droite, tenant comme axe l'épaule droite. Mouvement qualifié de yang (positif). Simultanément, la main gauche fait un petit cercle, aussi vers la droite, ayant comme axe le coude. Mouvement yin (négatif). Le regard précède le grand cercle de la main droite, alors que la main gauche en faisant son cercle sert d'appui pour que l'autre main accomplisse son périple. Cela découle d'un principe du tai-chi qui stipule : « Le yang s'appuie toujours sur le yin, et prend sa source dans le yin. » Ensuite on change : c'est la main gauche qui fait le grand cercle à gauche, et la droite le petit également à gauche. Le nom du mouvement provient des sphères lumineuses que les deux cercles tracent dans l'espace.

« *Le vol de l'aigle* »

Ici, nous nous inspirons du vol du grand rapace lorsqu'il prend son envol, suivi d'un magnifique vol plané. La position des jambes est « dynamique », c'est-à-dire que les pieds sont écartés latéralement de la largeur d'un poing, et en longueur de cinquante ou soixante centimètres (selon la morphologie de chacun). Les mains et les bras s'écartent horizontalement et montent jusqu'à la hauteur des yeux. Puis, ils avancent en faisant un vol plané, alors que le regard plonge dans l'infini. Arrivés à l'extrémité du déplacement « plané », le *yao* (voir chapitre suivant) recule, faisant se retourner les mains, qui montent comme si elles soulevaient une poignée de riz. Après une transition, elles redescendent pour remonter une fois de plus jusqu'à la hauteur des yeux et exécuter le vol plané de nouveau.

« *Polir le miroir intérieur* »

Position dynamique, en diagonale. Une main, le poing fermé, s'appuie sur le *yao* (dans la taille). L'autre trace un cercle devant soi, comme si elle nettoyait un miroir. Le regard fixe un point sur le mur, sur un arbre, sur un rocher, etc. À chaque cercle que trace la main, on s'approche donc de ce point, pour s'éloigner de nouveau, et de nouveau y revenir. Nous avons donc trois éléments de concentration : le mouvement pendulaire des pieds, qui vont de talon à talon, le cercle tracé sans discontinuer par la main, et le point au centre du cercle qui s'approche et s'éloigne. Trois éléments qui nous permettent de passer de la simple concentration à une véritable méditation dynamique.

« *L'étirement du chat* »

Nous avons tous vu un jour un chat s'étirer. Quelle souplesse, quelle jouissance ! Eh bien nous pouvons trouver le même plaisir et, pourquoi pas, la même souplesse. Pour cela, nous devons nous accroupir, passer nos bras entre nos jambes et saisir nos chevilles avec nos mains. Alors, soulever le dos en l'arrondissant, tout en remplissant les poumons. Au sommet de cet étirement du chat, il faut maintenir cette position et relaxer le dos. Les vertèbres sont en fait arquées vers le haut. Si nous laissons l'air et le *chi* s'engouffrer à l'intérieur, nous contribuons à éviter leur tassement. Ensuite, on expire en descendant le dos, pour retrouver la position accroupie. En cas de fatigue, vertiges ou mal au dos, s'abstenir.

12.

La femme et l'homme de chi

À chaque rafale du souffle vital
le voilier s'ajuste à la vague.
La mer au calme
sa voilure ondule.
Morsures de la vie
Élixirs de l'âme
La femme et l'homme de chi…
L'océan demeure.

Si nous voyons un homme avec les bras et les jambes écartés, nous pouvons passer deux diagonales allant de la main droite au pied gauche et de la main gauche au pied droit. Nous voyons alors qu'elles se croisent au niveau de la taille. C'est là que se trouve le point central du *yao*, appelé la « vraie taille ». Si à présent nous traçons un cercle, à partir du *yao*, qui toucherait les bouts des doigts des deux mains ainsi que les deux pieds, ce cercle donnerait naissance à la roue du *yao*. Son centre, dit le « vrai *yao* », constitue l'axe central de la roue, son moyeu. Et le centre de ce moyeu est complètement vide. Immobile et pourtant agissant.

« (…) l'homme parvient à l'éternité en ce qu'il ne veut pas tout faire de lui-même, en se glorifiant de ses propres forces, mais s'ouvre paisiblement et à chaque instant aux impulsions émanant des profondeurs des forces créatrices[1]. »

Comme le vide du moyeu contient l'irradiance du Principe premier, cette radiance ira jusqu'aux quatre points qui agissent en accord avec le *yao* : les deux mains, les deux pieds. En même temps, ces quatre extrémités sont dans une mouvance centrifuge : elles cherchent à s'éloigner du centre, qui est le *yao*. Cette interdépendance, cette « complicité par opposition », engendre le ressort interne, le *dangkai*, qui fait que tous les mouvements deviennent comme un arc bandé prêt à décocher la flèche. En même temps, le *dangkai* fait que tout le corps se remplit de souffle vital. Énergie sublimée qui va donner naissance à un être tout à fait semblable à celui du pratiquant, mais constitué entièrement de *chi*. C'est ce qu'on appelle la « femme ou l'homme de *chi* ». Et, comme il assume une forme ovoïdale, on l'appelle l'« œuf lumineux ».

Cinq points et le souffle révélé,
L'homme de chi,
Deux mains, deux pieds et l'axe du monde
reliant la foudre à la lave.
Quelle âme en respirant allume ces forces dans l'espace
et dans nos entrailles nichées ?
De quelles rafales les voilures de l'Être
dévoileront celui qui jamais ne meurt ?

La femme et l'homme de chi

Ah ! ce corps, univers au-delà des univers
germant le Soi des mondes !
Regardez ces cercles couronnés d'hirondelles
et cigognes et libellules et rameaux des poissons rouges
et d'images écarlates, jaunes et pleins d'azur.
Que cette femme tout en souffle nimbée
déverse sa paix sur terre,
Que cet homme, grande ouverte la porte de sa vie,
allume-éclaire-transmute la destinée de tout un chacun.
Déjà le vent respire, un ciel descend bordé d'étoiles.
La fin, enfin, du rituel :
les forces retournent à la lune
pleine sur le lac.

L'œuf lumineux, je l'ai vu il y a longtemps. J'étais assis, travaillant d'esprit à esprit avec une compagne de route.

Soudain, je me voyais d'en haut. Mon corps était devenu une sphère peuplée d'oiseaux de lumière qui entrelaçaient leurs vols harmonieusement. Certains sortaient de la sphère, voltigeaient pour replonger dans la masse mouvante du souffle vital qui leur donnait la vie.

Je revois une colonne d'étincelles remontant et descendant dans une ondulation semblable aux tourbillons de poussière argentée que soulève le vent dans la pampa ; proche aussi des remous que l'eau du fleuve, en jouant, plonge et replonge dans le flot. Deux grandes masses semblables aux gros nuages portant l'orage entraient en elles-mêmes pour devenir aussi frêles qu'une poignée de brume, pour tout de suite exploser dans un vacarme d'iris et de jaune et d'indigo.

La vision se prolongeait et moi je craignais qu'elle

75

s'anéantisse. Ma camarade devait être toujours là, face à moi, mais je ne la voyais plus. La sphère que j'étais devenu occupait la totalité de ma vision, de ma lucidité. J'entendais le son que produisaient ces rafales d'énergie, mais c'était des sons sans corps, aucune vibration ne les soutenait. Par moments, je disparaissais moi-même, identifié peut-être avec cet œuf étincelant ?

C'est plus tard, après que tout fut fini, que je me suis dit ceci. Pendant l'expérience, la distance qui me séparait de l'œuf de la sphère, quelque trois ou quatre mètres, car je le voyais depuis l'angle supérieur de la chambre, cette distance n'était qu'apparente, illusoire plutôt. Car au moment de la perception, l'œuf et moi n'étions qu'un seul événement, pour ainsi dire.

À présent, mon esprit reconstruit dissèque, interprète. Et c'est bien ainsi, car sans cela, je ne pourrais pas décrire ma perception. Et combien de fois ai-je essayé de revivre l'expérience ? De longues concentrations demandant à ma mémoire – sensorielle, intellectuelle – de reconstruire pour moi ces images, ces émotions, ces sentiments d'élargissement de mon être.

Aujourd'hui, cette expérience est un trésor enfoui en moi, me rassurant sur l'immensité, la richesse de la condition humaine.

Je vivais – et continue à vivre, hélas – dans le minuscule, dans la platitude, et je serais déjà englouti par la glaise si je ne portais pas autour de moi, en moi, le souffle intangible de cet ange de *chi* qui brise de temps en temps mon étroitesse.

Le voilier approche de la rive.
Le passager descend.

La femme et l'homme de chi

Il souffle sur les voiles
et le navire vogue vers la rive d'où il vient.
Un autre passager
attend.

13.

Exercices de base, III

« L'envol de l'oiseau Peng »

Cet oiseau aussi magnifique qu'imaginaire est évoqué par Zhuangzi, lorsqu'il déploie son immensité dans la mer et dans le ciel. Nous nous contenterons d'écarter amplement nos bras pour après les soulever le plus haut possible. En même temps, un pied fait un petit cercle vers l'arrière, pour se poser lorsque les bras redescendent. Après trois ou cinq mouvements de cet ordre, nous changeons de pied. On doit veiller à ce que la montée des bras et des mains trouve son complément dans le poids du pied qui fait le cercle, ainsi que dans la densité et le poids du sacrum. Cela produit un vrai étirement de la colonne vertébrale, accompagné d'un élancement semblable à celui que fait la branche d'un saule pleureur lorsqu'on la tire vers le bas.

« Soulever le ciel »

Ce mouvement met en branle toutes nos énergies, et demande une bonne souplesse et une vraie solidité des jambes. En Chine on dit à son sujet : « Soulever le ciel cinq fois chaque matin, quatre-vingt-quinze ans sans maladie. » Je n'ai pas encore pu vérifier ce dicton par moi-même, mais je peux dire que ce geste me fait beaucoup de bien. Venons-en au fait : nous nous accroupissons, notre regard monte vers le ciel, nos mains, tirées légèrement vers l'arrière, le suivent tout en entraînant le corps vers le haut. Arrivés au maximum de l'élévation, on doit veiller à ce que les « talons des mains » soient en aplomb avec les talons des pieds. Alors, détendre le dos, afin de laisser le *chi* travailler dans les interstices de nos vertèbres. Puis descendre jusqu'à la position accroupie. Pour, après une pause de deux respirations, remonter de nouveau en soulevant le ciel.

« Tourner autour du mont Meru »

Voici un trésor de l'alchimie taoïste. Il consiste à imaginer une caverne à l'intérieur de notre ventre (le *dantian* inférieur). Là, une boule d'énergie (*chi*), divisée en deux secteurs : l'un, *yang*, positif ; l'autre, *yin*, négatif. La partie pleine (*yang*) veut remplir la moitié vide (*yin*). De son côté, la partie vide cherche à vider la partie pleine. Et voilà la dynamique créée : la boule se met à tourner. Elle le fait en effleurant les parois de la caverne abdominale. Dans son élan, elle pousse le ventre vers l'avant, et en allant vers l'arrière elle pousse la colonne vertébrale. En même temps, elle masse solidement la colonne, depuis le coccyx jusqu'aux cervicales. Massage qui dégage, active et facilite le dragage du *dumai*, méridien du dos. On peut faire trente tours de la boule de *chi* vers la droite, suivis de trente vers la gauche, et recommencer si on le souhaite. Sans oublier que le mont Meru, dans la mythologie hindoue, symbolise le centre du monde.

« Les genoux tournent en colimaçon »

Il s'agit de plier les genoux, d'appuyer une main sur chacun d'eux et de les faire tourner à gauche et à droite, de façon à entraîner les jambes dans cette rotation. Les genoux occupent une place très importante dans le tai-chi et doivent être maintenus en très bonne forme. Après plusieurs tours, raidir les jambes et exercer une légère pression sur les genoux en arrière, en sautillant si nécessaire.

« Le vent souffle sur la bambouseraie »

Tous ceux qui vont en Chine voient des hommes et des femmes de tout âge pratiquer cet exercice. Il consiste à tourner le torse à droite et à gauche en entraînant les bras avec lui. En même temps, le corps monte et descend. Les mains frappent solidement la poitrine, le dos, les épaules, alors que le regard va loin dans les deux sens.

14.

Le partenaire idéal

La première fois que j'ai entendu parler du « partenaire idéal », c'était à Shanghai, dans le centre de tai-chi. Gu Meisheng nous expliquait qu'à chaque restitution du *chi* (qui pouvait coïncider avec la fin de l'expiration), une partie de ce *chi* descendait vers le *dantian* inférieur et une autre allait vers l'objectif. Cet objectif était notre partenaire idéal.

Il pouvait s'incarner dans un compagnon de pratique, bien réel, être matérialisé par un point fixé sur un mur ou, si l'on pratiquait à l'extérieur, par un point situé sur un arbre, un rocher, etc.

Il ne fallait pas imaginer notre partenaire idéal face à la mer. La puissance du vaste miroir d'eau pouvait avaler nos énergies et empêcher qu'elles arrivent à leur but. De même si l'on pratiquait sur une montagne : le vide face à nous absorberait notre *chi*. Sauf s'il y avait une autre montagne en face d'égale hauteur car, dans ce cas, l'équilibre naturel soutiendrait nos énergies, les empêchant de se disperser.

Comme d'habitude, je me suis lancé à corps perdu à la recherche de mon partenaire idéal. Mais le fait de permettre au *chi* de descendre par le méridien de la poitrine m'était fort difficile. Anxieux comme je suis, et voulant sauter les étapes au lieu de respecter leur rythme, cet empressement bloquait ma poitrine, empêchant la descente du *chi*.

Je savais que cette énergie interne descendait en spirale, ou se balançait comme une pièce de monnaie qu'on jette dans une fontaine ; qu'elle entamait sa descente à partir d'un point qui se trouve à la base gauche du nez, qu'il fallait appuyer le bout de la langue contre le palais afin qu'elle véhicule le *chi* vers sa racine, et de là vers le *dantian* du cœur, puis, vers le *dantian* inférieur.

Tout était bien clair dans mon esprit. Mais le plexus solaire, crispé comme d'habitude, faisait obstacle. Et que dire de cette autre partie du *chi* qui devait avancer dans l'espace pour accéder au point fixé, devenant par ce fait notre fameux partenaire idéal ? Ainsi se sont écoulées au moins quatre semaines. Je rêvais même à cette rencontre de façon presque obsessionnelle.

Quand je l'attendais le moins, j'ai senti avec précision que mes énergies bifurquaient, l'une descendant (enfin !) vers le *dantian* inférieur, l'autre avançant dans un vol plané vers l'énigmatique partenaire.

Je me suis précipité sur le téléphone :

– Monsieur Gu, j'ai réussi !

– Quoi, Gregorio ?

– Mais à aller vers le partenaire idéal !

– C'est-à-dire ?

– J'ai senti que c'était comme une rencontre amoureuse.

– Une rencontre amoureuse… avec qui ?

– Le *chi* est parti de mes deux mains, des paumes, a pris son envol et il est allé se poser sur le point sur le mur de la salle, et ce but, qui n'était autre que mon partenaire, est venu vers moi. Voilà.

– Ah bon, je commence à comprendre.

– Vous aviez raison, il fallait débloquer le méridien *ren-mai*, le vaisseau conception, pour que le *chi* descende en spirale vers le *dantian* inférieur. Et en même temps ouvrir le *dantian* supérieur, entre les deux sourcils, pour que le *chi-shen* puisse sortir.

– Oui, oui, c'est cela. Et je vous ai dit aussi que votre *shen* avait acquis une certaine consistance, qu'il était assez puissant pour bien sortir et aller vers l'objectif, n'est-ce pas ?

– Oui, je me souviens bien.

– Je pense que cette ouverture s'était produite déjà, en partie, avant que vous commenciez la pratique du tai-chi.

– J'ai fait pendant de longues années du hatha-yoga.

– Voilà. Mais je crois que la puissance nécessaire du *shen*, énergie spirituelle, indispensable pour atteindre le but, vous l'avez développée grâce au tai-chi.

– Alors, je ne délire pas ?

– Bien sûr que non. Mais ce n'est qu'un pas de plus dans votre chemin de retour vers votre nature originelle. Le partenaire idéal que vous venez de rencontrer, si concrètement, va vous aider à accéder au but final, c'est-à-dire à vous établir définitivement dans votre vrai Moi.

« Sur votre agglomérat de chair, il y a un homme vrai sans situation, qui sans cesse sort et entre par les portes de votre visage… Tenez-vous-en bien à l'homme qui est là en train d'écouter l'enseignement, à cet homme sans forme ni marque, sans racine ni tronc, sans demeure stable, tout vif comme le poisson qui saute dans l'eau et ne se fixe nulle part.

Si l'on sait réaliser l'homme vrai, il n'est plus rien qui ne soit très profond, rien qui ne soit délivrance. Vénérables, sachez reconnaître l'homme en vous qui joue avec des reflets : c'est lui qui est la source originelle de tous les bouddhas ; c'est lui, adeptes, en qui vous trouvez refuge où que vous soyez[1]. »

Puis les années se sont succédé, avec leurs jours et leurs saisons. Chaque voyage à Shanghai me procurait de nouvelles découvertes et le plaisir d'avoir mon maître à portée de la main, si je peux employer cette image. Il arrive un moment dans la pratique de n'importe quel art où seul votre instructeur, votre guide, peut vous indiquer la marche à suivre. La relation devient tellement intense, si profonde que personne au monde ne peut remplacer le conseil de votre ami de bien.

C'est mon cas et, quand j'étais en France, j'attendais avec impatience le jour où je monterais dans l'avion pour descendre à l'aube dans cette ville enfiévrée qu'était Shanghai dans les années 1990 qui marquèrent les débuts de sa métamorphose.

J'arpentais les rues, vivais dans le conservatoire de musique, allais chez Gu Meisheng pour le rejoindre avec son groupe d'élèves, fréquentais l'opéra de Pékin, celui de Shanghai, le Kunqu, allais aux concerts de musique classique chinoise – la cithare chinoise, le *guqin*, était l'un de mes instruments préférés ; surtout lorsque l'interprète récitait des poèmes classiques. Rituel célébré autrefois par les empereurs de la dynastie des Song :

> *La lune est claire, la rivière calme ; dans le silence et la*
> *   solitude,*
> *Le grand virtuose arrange ses manches pour caresser*
> *   l'instrument rare.*
> *Les anciens ne sont plus, mais leur musique demeure,*
> *Comme survivent les odes et les hymnes.*

86

Un bon exécutant est rare,
Un bon auditeur plus encore :
Comme la fleur de l'arbre udumbara
Qui n'apparaît qu'une fois en ce monde.

Celui-là ne joue plus avec ses dix doigts,
Qui sait oublier la cithare et soi-même :
Son âme contemplative connaît le calme des sommets et des
    sources ;
Comme dans un val écarté, la brise l'accompagne en
    sourdine.

Qui donc dira que la musique de la soie n'égale pas celle
    du bambou ?
Par-delà les monts, elle nous conduit à notre vraie nature.
Quand la cithare s'arrêta, dehors la lune plongeait dans la
    rivière ;
Tous les bruissements cosmiques s'éteignirent
tandis que s'immobilisaient les vibrations de sept cordes[2].

Me levant très tôt (vieille habitude), j'avais le temps de parcourir les musées, partager les matinées avec les éleveurs d'oiseaux, me recueillir dans les temples taoïstes et bouddhistes, prendre le bateau pour chercher la confluence du fleuve Huangpu avec la mer, suivre les enseignements de celle que j'appelle la « femme du chigong », dans le petit bosquet du Jin An Park… En somme, mon corps avec ses six sens avait de la peine à suivre le vertige de mes neurones.

Mais, au lieu de me dérouter, cette fièvre m'encourageait. Mon corps, qui avait pris ses habitudes, se voyait entraîné « d'un mystère vers un plus profond mystère ». On lui parlait un langage auquel il n'était pas préparé. Alors les notions qui lui arrivaient du mental le déconcertaient. Cela m'était devenu évident lorsque j'avais rencontré mon partenaire idéal. À présent ma pauvre cervelle devait se colleter avec des notions étonnantes comme la « différence de phase », la « lourdeur suspendue », l'« effacement des traces », etc.

Je profitais alors de cette stupeur de mes systèmes nerveux et musculaire pour renforcer l'action du *yao*, du canal central, du pilier de diamant. Trois éléments énergétiques qui devaient les aider à assumer ces nouvelles tâches.

Mais, ô surprise, mon vieux compagnon « matériel », cet organisme que nous appelons si gauchement « notre corps », allait s'avérer beaucoup plus efficace dans son ignorance que dans tout ce qu'il avait appris. Stupeur que Gu Meisheng nous avait bien explicitée : par moments, on se perdait, on ne savait pas que faire au milieu des mouvements enchaînés. Comme si la foudre nous paralysait l'esprit. Alors nous paniquions : qu'est-ce qu'il m'arrive ? Je m'aveugle en plein jour ? Eh bien, non, cet état de stupeur était une brèche ouverte dans le bunker de notre intellect, de notre rationalité.

Pourquoi diable voulons-nous toujours savoir ? Est-ce que ce savoir mental est plus important que la sagesse naturelle de notre organisme ?

Il fut un temps où ce Gregorio qui vous propose ces lignes n'existait pas dans le ventre de sa mère. Il a été, à un moment de sa trajectoire, un spermatozoïde nageant vaillamment pour dépasser ses partenaires et gagner le grand ovule solaire. Puis un fœtus qui suçait son pouce sachant qu'il allait téter bientôt. Ensuite sont venues les années de la petite enfance pour enfin nicher dans son sein ce projet d'*Homo sapiens* appelé Gregorio… qui réclamait son droit au pouvoir absolu ! Un despote est né. Vive la dictature ! Oui, mes amis, Gregorio est un tyran comme vous tous. Nous nous sommes érigés comme le centre d'un univers qui tourne autour de notre excellente majesté.

Confortés par nos six sens qui nous décrivent le monde comme un trésor qui nous revient de droit, nous nous installons au centre de ce monde factice qu'est notre ego, pour le déclarer éternellement souverain. Identifiés à notre propre création, nous imposons nos idées, nos goûts, notre vision du monde aux autres. Et pauvre celui ou celle qui ose nous contredire. Résultat : notre belle terre est remplie de satrapes, semblables à votre humble serviteur, qui sont plus arbitraires les uns que les autres. Un vaste ego mondial organise – ou désorganise – nos vies en société, ainsi que nos vies individuelles. Voilà où nous en sommes.

Donc, pour en revenir à la stupeur, ce voyage à Shanghai devenait fructueux pour accomplir le « combat avec mon ombre ». Combat à mains nues, bien sûr. Nues, car non seulement dépourvues d'arme, mais nues d'intention. Selon notre école, il nous fallait trouver en nous-mêmes, dans le noyau de notre être, cet homme ou cette femme ordinaire, sans affaires, sans nom, sans histoire, sans être né et sans mort qui le guette.

« Tout ce qu'il vous faut, c'est vous comporter le plus ordinairement du monde. Adeptes, il n'y a pas de travail à faire dans le bouddhisme ; le tout est de se tenir dans l'ordinaire, et sans affaires : chier et pisser, se vêtir et manger.

Quand vient la fatigue, je dors ; le sot se rit de moi, le sage me connaît… Soyez votre propre maître, où que vous soyez, et sur-le-champ vous serez vrais. Les objets qui viennent à vous ne pourront vous égarer. C'est l'arrêt de toute pensée en vous, que j'appelle l'"arbre de l'éveil" ; et l'incapacité d'arrêter vos pensées l'"arbre de l'ignorance[3]". »

Ainsi dans ce combat, j'ai trouvé un autre moi-même en ce partenaire idéal, qui allait profiter de mes distractions pour me flanquer un bon coup sur la figure, qui me ferait trébucher et m'écraser par terre en appliquant sa force de torsion. Il était sans complaisance et simplement impersonnel. Inutile de lui expliquer que ce jour-là j'étais triste, ou bien très emballé, ou serein comme le ciel après la tempête. Il s'en fichait.

Donc, se voir dédoublé dans un autre soi-même qui n'est pas larmoyant, ni plongé dans les rêveries d'un passé révolu, ni dans les toiles d'araignées d'un futur chimérique, constituait un véritable défi. Il me fallait être moi-même, du fond de mon être à chaque rencontre. Sinon il pouvait décider d'être ou de ne pas être présent au rendez-vous, ou bien me tourner le dos en cachant un sourire condescendant.

En peu de mots, mon partenaire idéal était devenu le baromètre de mon évolution. Si je progressais dans ma pratique et dans mon comportement quotidien, il progressait lui aussi… dans son exigence.

Par exemple, les notions d'ennemi, d'attaquant, d'adversaire, de compétition ne doivent pas exister en tai-chi. Mais elles existent. Voilà notre « ombre ». Lutter à mains nues avec cette ombre voulait dire arracher à la racine ces tares que j'avais héritées de mes ancêtres. Des incongruités que j'avais thésaurisées jalousement, voyant chez les autres des profiteurs qui voulaient ma perte. Chacune de ces notions m'a demandé de suer sang et eau pour les éliminer.

Jusqu'au jour où j'ai compris qu'elles n'étaient que des pensées. Et que les pensées n'ont pas de racines. Voilà la découverte. Ces pensées qui s'attroupent dans notre esprit et qui finissent par le dominer n'avaient pas de terrain où s'enraciner et donc croître.

Comment suis-je arrivé à cette constatation ? Par l'observation des mouvements de mon esprit. Par ce que nous appelons « examen de l'esprit ».

Nos pensées obsédantes, ces images qui pullulent dans nos rêves ou dans nos veilles enfiévrées, comme nous n'osons pas les voir en plein jour, campent derrière nos têtes, sous la terre de nos pas, déguisées en préceptes louables, en dogmes raisonnables, etc., pour nous manipuler comme des poupées du *bunraku*.

Ce sont nos pensées qui décident à notre place. Qui nous tourmentent ou nous éblouissent avec des mondes merveilleux qui sont comme des enfants de la femme frigide[4]. Ce ne sont que des nuages sans humidité. Aridité qui va nous conduire et nous suivre jusqu'au dernier soupir. Car nous mourrons avec elles, en elles, ensevelissant avec elles tout le monde illusoire dans lequel nous avons vécu.

Qui suis-je pour affirmer de pareilles choses ? vous demanderez-vous à juste titre. Je vous répondrai que ce ne sont pas mes conclusions, mais celles de celui qui, en moi, est devenu le témoin. L'observateur de mes pensées. Bien campé derrière elles, il les attend. Avec respect et patience, mais sans complaisance, lui aussi. Venez, venez toutes, chères pensées, je suis à vous. Montrez-vous, étalez ici, en plein soleil vos misères, vos richesses. Ne craignez aucun censeur. Je suis votre ami le plus fidèle. Et les pensées qui n'attendent rien de mieux se lancent pour déclamer leur opérette. Des déguisements de toutes couleurs et formes et variations défilent dans un carnaval joyeux et bariolé.

Travail patient, de longue haleine, mais qui peu à peu accomplira une amnistie générale entre les multiples adversaires qui s'affrontent, identifiés comme ils le sont à des solides royaumes, illusoires, fantasques. Et puis, un beau jour, voilà que le témoin devient le maître qui prend le gouvernail : « Vous êtes tous les bienvenus, leur dit-il, mais avant d'agir, vous devez vous mettre d'accord avec moi. Il y aura des croissants et des chaussons aux pommes pour tout le monde, mais dans un four que nous aurons chauffé ensemble ; dans une ruche où chaque abeille aura su produire le bon miel et manger chacune la portion qui lui revient. »

« Le vrai Bouddha est sans figure, la vraie Loi est sans marques… quant au véritable apprenti du Chemin, il ne s'attache pas au Bouddha, ni aux *bodhisattvas*, ni aux *arhats*… Loin de tout, seul, dégagé, il n'est pas gêné par les choses. Ce sont là fantasmes de rêve, fleurs dans l'air : pourquoi se fatiguer à vouloir les saisir[5] ? »

Pendant de longues années mon partenaire idéal a répondu à mon appel. Je pouvais imaginer son visage, son corps, sentir sa présence et même « dialoguer » avec lui. Parfois son expression était calme, d'autres fois comme fatiguée, mais il semblait toujours attentif et disposé à m'écouter. Ainsi j'ai maintenu une communication permanente avec lui, ce qui a été pour moi un apport précieux, vu mon caractère fluctuant et le manque de confiance que j'ai en moi-même.

Je suis aux Trois Cyprès, face à la fenêtre d'où je vois les deux cerisiers avec encore leurs feuilles. Le jour se lève derrière la petite forêt et la clarté se répand sur les pins et les grands chênes verts qui marquent les limites du champ de lavande. C'est la fin de l'été, les bouleversements de la canicule suivie des fortes pluies tourbillonnées par le vent du sud laissent la place à une belle accalmie. Cette nuit, cependant, le mistral nous a rappelé son existence. Il a agité, secoué puis glissé une caresse sur les feuillages des chênes blancs qui entourent la maison.

Je ferme les yeux et, après un long moment de concentration, je demande à mon partenaire idéal de bien vouloir venir me voir. Tout de suite, mon imagination créatrice fait qu'il apparaît assis devant moi. Il a, comme toujours, son visage paisible et un léger sourire se dessine sur ses lèvres. Un ange d'éternité semble l'entourer, comme si pour lui rien n'existait nulle part. Est-ce qu'il existe vraiment ? Je pense aux paroles de Laozi : « Il n'est ni existant ni non existant. Il semble exister. »

Ce « semblant » d'existence apaise mon esprit, bien-être qui se répand par ondes successives dans tout mon corps. Mes soucis quotidiens, mon anxiété face au temps qui glisse entre mes mains, la sensation de vivre une époque de destruction impitoyable de notre planète, suivie d'un sentiment d'impuissance face à la destinée de millions d'êtres humains qui s'appauvrissent de jour en jour, alors que la richesse des puissants ne cesse de croître... Mais tais-toi, Gregorio ! Concentre-toi sur ton partenaire qui attend patiemment que tu sois ici, présent.

Il m'observe. Je lui demande si mon état d'âme est inquiétant.

– Non, me répond-il, mais finis une fois pour toutes de ressasser les hauts et les bas de tes émotions, cesse de temps en temps de t'inspecter face au miroir. Utilise plutôt ton énergie pour aider ces personnes spoliées que tu mentionnes si pertinemment.

– Oui, oui, mais tout est si énorme que je suis comme paralysé.

– Tu m'as dit que tu essaies de vivre chaque jour comme s'il s'agissait d'une vie entière…

– Oui.

– En ce moment tu vis l'une de ces journées semblables à toute ton existence sur terre, et tu la gaspilles dans une morne autocomplaisance ? « Ah ! je suis bien triste, j'ai pitié des gens qui souffrent, l'injustice règne partout, les riches sont si cruels… » Au lieu d'agir. Tout de suite.

– Comment ?

– Tu vois la société humaine et ses incohérences comme si tu te trouvais en dehors d'elle. Tu te prends pour le centre du cosmos et tous les autres, animaux, êtres humains, objets, tournent autour du monarque.

– C'est vrai…

– Sors de ta prison, fonds-toi à l'univers qui t'entoure, accepte-le tel qu'il est, nage dans ses eaux jusqu'à connaître ses vagues, son écume, ses tonalités. Navigue en surface mais aussi en profondeur. N'esquive rien, cette foule de poissons de toutes les formes et couleurs, c'est ton monde. Tu en fais partie. Ce microcosme, c'est aussi toi. Il t'a créé, mais tu le crées également, à chaque instant. Ne le renie pas.

Je sens sa présence, son regard. Il m'a tellement aidé toutes ces années, je lui ai tellement demandé de choses, que je crains de l'avoir fatigué, énervé avec mes jérémiades.

Lentement, je lève les yeux… Il n'est plus là. À sa place flotte une espèce de nuage, clair-obscur, en mouvement. Je sens ma bouche se remplir de salive et mes dents claquent très fort. Un malaise, mêlé étrangement à une détente de tous mes muscles. Je m'adosse lourdement et respire à fond. Le nuage commence à se colorer, comme l'horizon lorsque le soleil se couche. Il est de plus en plus rond, ou ovale. Des rafales iridescentes le parcourent, s'entremêlent, certaines s'échappent pour se dissoudre dans l'air. Mais d'autres tonalités, plus intenses, plus incisives, tournent fortement autour d'un centre invisible.

Soudain la sphère de couleurs s'évanouit, laissant un espace que je sens rempli d'énergie. Autour de moi les objets familiers me rassurent. Je crains toujours d'être happé par une rêverie les yeux ouverts. Tout est si calme que je crois la rencontre finie. Mais peu à peu la sphère se redessine et commence à se déplacer vers la droite. Elle décrit un demi-cercle et s'approche de moi. Je pense à mon maître, le jour où il m'a mis face à mon partenaire idéal. Je recule avec ma chaise. La sphère est si proche qu'elle m'effleure. Oh ! Elle entre en moi. Une douleur lancinante me parcourt, comme si un couteau incandescent perçait mes vertèbres. Ce sont des flammes qui entrent par mon dos pour remplir l'ovale que je suis devenu. Tout mon être fait partie de cette masse brûlante. L'image de moi-même n'existe plus. J'arrive à peine à penser. Je me dis que je suis toujours un corps en chair et en os mais, en même temps, je sais que je ne suis qu'une masse de vide.

Une nouvelle fenêtre vient de s'ouvrir dans mon esprit. Deux dimensions se font jour simultanément : ma conscience de tous les jours et une autre que je ne saurais nommer.

« Retournez votre lumière, intériorisez votre vision. Ne cherchez plus ! Sachez que, de corps comme d'esprit, vous ne différez point du Bouddha-patriarche, et aussitôt vous serez sans affaires.

Comment appeler cette chose bien distincte, cette lumière solitaire à quoi rien n'a jamais manqué, mais que l'œil ne voit pas, que l'orciile n'entend pas ? Un ancien l'a dit : "Dire que c'est une chose, c'est manquer la cible[6]." »

15.

Suite et fin des exercices de base

« *Les deux horizons* »

Ce mouvement est très propice pour anticiper les mouvements enchaînés. Martialement parlant, il s'agit de contrer l'attaque de deux partenaires, l'un venant par la gauche, l'autre par la droite. Avec le tranchant d'une main, on arrête l'attaque, avec l'autre on contre-attaque. Plus on le pratique, plus l'écartement des jambes grandit et plus les déplacements s'amplifient, sollicitant toutes nos ressources. Mouvement beau et plein de prémices nécessaires pour saisir la structure des actions qui composent les trois parties enchaînées du tai-chi.

« *Le* yao *tourne entraînant les mains* »

Position debout, jambes écartées (position dite « du cavalier »). Le *yao* tourne sur lui-même, appuyé sur les talons, faisant tourner les mains, placées devant soi à l'auteur de la poitrine. Au début, ce sont les mains qui entraînent le *yao* ; plus tard, lorsque le *yao* se raffermit, c'est lui qui entraîne les mains. Le cercle que tracent les mains est un signe d'infini, un huit horizontal.

« *La balançoire* »

Imaginons que nous poussons quelqu'un confortablement assis sur une balançoire. Nous le poussons avec nos deux mains, alors que nos genoux se plient et se soulèvent au fur et à mesure que la personne se balance. Les paumes de nos mains sont grandes ouvertes et projettent l'énergie au loin. Il est conseillé de ne pas pratiquer ce mouvement face à la mer, car elle dévorerait nos énergies. De même ne pas le faire du haut d'une montagne, ayant un abîme face à soi, car le même phénomène aurait lieu. Après des années de pratique, lorsque nous saurons fixer des limites à nos projections du *chi*, ce danger n'existera plus. Quant à la respiration, nous pouvons remplir nos poumons lorsque la balançoire est proche, et expirer lorsqu'elle s'éloigne. Ne pas oublier que la respiration est toujours abdominale.

« *Le feuillage cherche ses racines* »

Position debout, la tête tombe entraînant tout le corps. Il ne faut pas employer la force musculaire, ni essayer de pousser le corps vers le bas. C'est le poids de la tête, des bras et des mains qui le fait descendre. Veiller à détendre la nuque, le cou, les épaules, au fur et à mesure de la descente. Et surtout maintenir les genoux raides. Cet exercice demande beaucoup de patience, car le travail qu'il exige des muscles du dos est profond, et doit être progressif et sans secousses. Ne pas chercher à appuyer les mains par terre, si elles ne le font spontanément. Une fois le « feuillage » (la tête et le corps) en bas, rester un bon moment afin que le *chi* puisse circuler dans la colonne vertébrale et dissoudre ses nœuds et ses tensions.

« *L'envol des canards* »

Voici un mouvement qui plaît à tout le monde. Il demande d'imaginer que nos mains sont des canards sauvages qui prennent gaiement leur envol. Une fois vers la gauche, une autre vers la droite. Ils vont loin dans le ciel, suivis de notre regard, jusqu'à ce que le sacrum les fasse descendre. Comme « le vol de l'aigle », ce mouvement permet un éloignement très grand et intense, pour ensuite, paradoxalement, nous ramener à la proximité avec nous-mêmes.

« *La terre tremble, le* chi *descend* »

Quand on a beaucoup travaillé, nos énergies peuvent se disperser. Alors nous pouvons les ramener à leur place et les harmoniser. Pour cela il faut se tenir debout les bras ballants et secouer tout le corps vers le bas, en pliant les genoux par saccades. Le *chi* descendra ainsi vers le *dantian* inférieur, dans le ventre. Cela soulage la partie haute du corps et le cerveau.

16.

L'observation de l'esprit (le dhyâna)

Nous sommes une vingtaine d'amis assis autour du grand chêne que nous appelons l'« Ancêtre ». La luzerne a poussé et le vent fait onduler cette chevelure de la terre. À travers les pins de Provence et les chênes blancs passent les rayons d'un soleil printanier. C'est la fête de l'Ascension et nous entamons cette rencontre pour célébrer le retour des énergies telluriques.

Nous commençons par saluer les Trois Cyprès, cet endroit qui nous accueille, ainsi que le grand chêne. Une fois assis, nous gardons les yeux soit ouverts, soit mi-clos, soit fermés, à la convenance de chacun.

Il faut se souvenir à ce sujet que les yeux fermés nous rendent vulnérables aux divagations de l'esprit et la rêverie peut nous entraîner loin de la « culture » du mental[1].

Nous nous concentrons sur la plante des pieds pendant quelques minutes. À chaque expiration nos tensions physiques et mentales descendent le long du corps pour arriver aux pieds. Nous imaginons que de ceux-ci poussent des racines qui s'enfoncent dans la terre. Ainsi, les tensions arrivent aux pieds et rentrent dans la terre qui va les neutraliser. Nous partons du principe que la terre ne se sent pas souillée par nos émotions négatives, notre stress, nos blocages physiologiques.

Nous cessons de nous concentrer sur les pieds et en venons à imaginer la pleine lune reflétée dans l'eau à l'intérieur du *dantian* inférieur, qui se trouve dans le ventre à trois centimètres en dessous du nombril. Cette image doublement *yin* nous permet d'apaiser nos énergies et de les concentrer dans cet « océan du Souffle vital ».

Puis nous portons notre attention sur la respiration. Sans la modifier nullement, nous nous concentrons sur la base du nez pour sentir l'entrée de l'air frais dans nos narines et sa sortie tiède. Ensuite nous suivons les respirations en nous concentrant à l'intérieur du sinus. Après quelques minutes, nous commençons à compter ces respirations : l'inspiration suivie de l'expiration porte le numéro un ; la deuxième inspiration-expiration est deux, et ainsi de suite jusqu'à dix. Arrivés à dix, nous décomptons jusqu'à un, pour recommencer. Si à un moment donné nous constatons que nous sommes distraits ou que le sommeil nous prend, nous reprenons le comptage à un, en évitant de faire le moindre commentaire sur notre distraction.

« Ne permettez pas aux autres de vous désorienter. C'est ce que je tiens à souligner. Agissez quand vous devez agir, sans hésitation ni doute. De nos jours, les gens ne sont plus capables d'agir de cette façon. Quel est leur problème ? Leur problème est le manque de confiance en eux. Si vous ne vous faites pas spontanément confiance, vous allez vous retrouver dans un état de frénésie et poursuivre toutes sortes d'objets qui exerceront à leur tour une influence sur vous. Vous ne serez plus capables d'indépendance[2]. »

L'observation de l'esprit (le dhyâna)

Nous cessons de compter les respirations et observons uniquement l'expiration jusqu'à ce qu'elle s'estompe complètement. Cela nous permettra d'aller plus profondément en nous-mêmes. Alors le calme mental ainsi obtenu facilitera notre observation des pensées et des images qui peuvent jaillir.

Nous assumons la position de la montagne qui observe les phénomènes extérieurs, le vent, la pluie, les passages du soleil et de la lune, les oiseaux qui se posent sur elle et s'envolent, la neige, etc., sans que la montagne altère sa présence et sa veille. De la même façon, nous observons nos pensées comme des « objets extérieurs ».

Ces observateurs que nous sommes devenus essaieront de capter la naissance de chaque pensée, jaillie du vide de l'esprit pour s'épanouir, pour dire ce qu'elle doit dire, et replonger dans le vide. En même temps, cette observation nous permettra de nous familiariser avec des images et des pensées qui s'étaient maintenues occultes dans le tréfonds de notre esprit, sans jamais avoir eu l'occasion de se manifester.

Ce travail demande une grande capacité d'acceptation de nous-mêmes, car chaque pensée est une partie de notre conscient et de notre inconscient. Parfois, les images ou pensées peuvent devenir intolérables, trop imprégnées d'émotions négatives, et même, parfois, nous faire éclater en sanglots ou provoquer des commotions plus ou moins violentes. En plus de sa pratique personnelle, il est conseillé de méditer régulièrement sous la conduite d'un instructeur qualifié.

« Vous devez abandonner une pratique fondée sur la compréhension intellectuelle, courant après les mots et vous en tenant à la lettre. Vous devez apprendre le demi-tour qui dirige votre Lumière vers l'intérieur pour illuminer votre véritable nature. Le corps et l'âme d'eux-mêmes s'effaceront et votre visage originel apparaîtra. Si vous voulez atteindre l'éveil, vous devez pratiquer l'éveil sans tarder[3]. »

Au bout d'un certain temps de cette pratique, le flux des pensées se ralentit et nous pouvons saisir l'intervalle qui se fait jour entre chacune d'elles. L'observation centrée sur cet intervalle fera que celui-ci cherchera à grandir, à s'épanouir.

Pendant l'intervalle, notre mental ne produit aucune pensée, ce qui nous permet de saisir le vide de l'esprit, de constater que pendant ce vide nous sommes toujours présents : plus conscients et lucides que dans notre vie quotidienne et même que pendant l'observation des pensées. Gu Meisheng nous disait :

– C'est lorsque je ne pense pas qu'à la longue je sais qui je suis.

À un moment de la pratique, l'observateur se tourne vers lui-même pour constater que lui aussi est éphémère. Lui aussi, en tant que témoin des processus mentaux, n'a pas d'existence permanente. Et il s'efface, comme les pensées et les images qui jaillissent et disparaissent. Alors nous nous trouvons dans notre plus profonde intimité, dans notre vrai Moi. Nous sommes le vrai Moi.

Tout commentaire, toute description ou allusion s'avère alors impuissante, voire inutile. Car nous sommes au-delà des concepts, « état » qu'aucun langage ne peut définir.

« Méditez, *bhikkou* (disciples) ! Ne soyez pas inattentifs. Ne laissez pas votre cœur tournoyer sur les plaisirs des sens. Ne soyez pas négligents et n'avalez pas une bille de feu (brûlante). Si vous vous brûlez, ne vous lamentez pas que "ceci est souffrance[4]". »

Une fois saisie cette présence de Soi, une nouvelle tâche commence : celle de se centrer progressivement sur ce Moi. Faire en sorte que chaque moment de notre vie quotidienne devienne une occasion de pratiquer notre présence interne.

Nous constaterons alors que nos actes de chaque jour sont vraiment transcendants. Qu'ils jaillissent de notre intimité vraie, qu'ils proviennent de la femme vraie sans qualités, sans nom et sans visage, de l'homme vrai sans affaires ni qualités, tous deux libres du temps et de l'espace, libres de la mort et de la vie.

J'ouvre un livre. J'en ai déjà signalé une strophe. Ma voisine à ma droite commence la lecture :

Le paon royal déploie sa queue,
mais il ignore sa splendeur.
Qui oserait dire au paon
d'ouvrir ses mille yeux ?

Puis elle passe la feuille au suivant, qui la lira avant de la passer à son voisin, et ainsi de suite. Je ferme les yeux pour mieux entendre les voix de mes amis, des personnes que je connais depuis dix, quinze, vingt ans, et parfois je dois ouvrir les yeux pour savoir à qui appartient cette voix. Tant la voix qui donne vie à ce petit poème résume toute la personne. Tout un monde dans chaque être assis là, sous le grand chêne, éloigné autant qu'il se peut de la rumeur du monde.

L'air pur éclaire l'espace.

Leurs voix, nos voix, ouvrant à chaque lecture la fabuleuse queue de ce bel oiseau qui ne sait pas qu'il s'appelle « paon », ni même qu'il est fascinant. Il est né exempté du péché de séparativité, comme disent les sages. Il est sans l'être. Il est sans raison, sans qualités, sans vouloir. Éminemment présent, dépourvu du lest du passé et vierge pour toujours de l'avenir.

Et la voix suivante fait que le paon déploie ses mille yeux, qu'il déclame pour nous sa beauté. Faut-il vraiment le lui dire ? Lui dire quoi ? Il est le monde, la vie à l'état pur, sans encombre. Et nous voulons l'écraser sous nos concepts, nos codes esthétiques, nos valeurs. Va, cher paon, vole, apprends-nous à voler.

La lecture finie, nous laissons notre mental libre d'aller où il le souhaite. Proposition délicate car notre esprit, qui a gouverné toute notre vie, ne tolère aucunement qu'on lui propose de gambader à sa guise, lui qui n'a jamais accepté d'ordres. Autant dire à une lionne d'aller chasser dès qu'elle le veut.

Notre mental non seulement veut faire ce qu'il veut quand il veut, mais il ne supporte qu'on lui consente un droit qu'il estime naturel. Alors il se braque, nous bombarde avec des pensées hétéroclites, des images en vrac, plus extravagantes les unes que les autres. La guerre sainte de chaque jour. Laisser notre esprit se manifester, l'écouter, le comprendre et lui donner du temps pour que lui-même, par sa propre décision, accepte de s'unir à nous. Il nous faut pour cela lui proposer une ouverture telle qu'il n'aurait jamais imaginé la dimension, la splendeur qu'elle apporte. Alors il adhère.

L'observation de l'esprit (le dhyâna)

*Le corbeau
agrippe ses pattes à la roche
et observe la vallée.
Deux rivières
s'entrelaçant
donnent naissance
à trois îlots.
Le cri du corbeau.*

Maintenant nous entamons la marche chan. Cette marche est la prolongation de la concentration assise. Nous nous plaçons les uns derrière les autres en formant un cercle. Les femmes ferment le poing droit et la main gauche le couvre ; les hommes ferment le poing gauche que la main droite couvre. Puis, ainsi unies, les mains se placent au niveau du plexus solaire, en s'appuyant légèrement sur la poitrine. Nos yeux sont ouverts et regardent droit devant, ou bien mi-clos en regardant par terre.

Une fois prêts, nous nous concentrons sur le talon sur lequel s'appuie notre corps et attendons que le *chi* monte jusqu'au sinciput, le point *baihui*, la porte du ciel.

Alors le premier pas a lieu. Tout le poids du corps repose sur la jambe avant ; celle de derrière s'étire légèrement en baissant le talon. Nouvelle montée du *chi* jusqu'au sommet de la tête, et puis vient le deuxième pas. Toujours en gardant la plus profonde des concentrations.

On marche dans le sens des aiguilles d'une montre.

De temps en temps, on baisse les mains et on marche naturellement, afin de reposer les bras et les épaules. Puis la marche reprend, alors que les rossignols, nous voyant inoffensifs, chantent, voltigent entre les branches du grand chêne.

L'un d'entre nous, debout en dehors du cercle, lit :

107

Des personnes en chair et en pensée
arrivent, se regardent, s'accueillent.
Le cercle de terre sur la terre
recule à chacun de leur pas.
Il avance,
le cercle,
à chaque silence qu'ils créent.
Leurs yeux voient la luzerne en fleur sous leurs pieds
tandis que d'autres s'envolent vers de lointaines forêts.
Un pin tournesol, des genêts aux lèvres jaunes, des
*   genévriers,*
et au-delà les corneilles sautant de lavande en lavande,
déversant la nuit de leurs ailes.
C'est le recueillement.
C'est le retour du témoin et son visage inconnu,
toujours inédit,
parcourant les millénaires
parmi des foules enchaînées, assoiffées ;
des multitudes gavées des remords
d'avoir gagné leur paradis.
Et le bambou se dresse ;
à chaque pas, le souple, le ferme pilier de diamant
relève la hampe du marcheur jusque là où le ciel jaillit.
Il vibre,
il est un son que seul le sourd au monde peut comprendre.
Le temps hésite.
Comment pourrait-il exister au milieu de tant de présent ?
Imposer sa névrose au milieu de tant d'absences ?
Le rossignol ne craint pas les marcheurs,
il saute du tronc vers la branche, chante, s'envole, il revient
et la terre en cercle tourne et tourne sous les pas,
tourne et tourne

en avant,
en arrière.
Les visages de ces gens qui marchent
en écoutant à chaque pas l'appel de leurs talons
n'ont personne derrière eux.
Ils sont devenus ce qu'ils sont :
une parcelle de terre qui avance.
Les mains que ces hommes et ces femmes
ferment l'une sur l'autre appuyées sur leur poitrine
prient des dieux oubliés,
leurs oraisons sont muettes, leurs pas immobiles.
Et le soir tombe, s'abat,
en lenteurs,
en rumeurs d'oiseaux
tout petits,
se blottissant sous l'aile
de leur mère.

La lecture achevée, nous formons un grand cercle autour du vieux chêne et prononçons le mantra *OM*, le laissant jaillir spontanément de notre *dantian* inférieur (le ventre). Puis nous remercions l'endroit qui nous accueille, saluons l'Ancêtre, saluons notre maître, pour finir avec la salutation au ciel et à la terre.

17.

Un dimanche à Shanghai

Les commerces ont fermé leurs portes, seules les vitrines de la Huaihai Lu continuent à nous séduire avec leurs nouvelles fantasmagories. Mais il y a dégradation. La rénovation de la ville a détruit des quartiers entiers. Parfois je dois regarder la carte pour me repérer. La rue des librairies, ancienne avenue de plaisirs, s'est métamorphosée en une suite de gratte-ciel plus démesurés les uns que les autres. Les vieux « restaurants du peuple », où l'on mangeait avec peu d'argent et beaucoup de camaraderie, ont laissé la place à de luxeux hôtels où les clientes, habillées à l'occidentale, portent nonchalamment leurs caniches. Le seul café de style oriental, tout près de l'hôtel de la Paix, avec cette ambiance intellectuelle propre aux villes démocratiques, a disparu. Les petits marchés où l'on pouvait savourer des raviolis faits sur place, boire du jus d'orange, de mangue, du thé vert tout en sentant la grande foule gronder alentour se sont volatilisés.

Je marche, marche vers le Huangpu, surmontant le flot accablant des voitures, « vierges noires en métropole », fermant les yeux devant ces limousines pour des néo-milliardaires qui vous narguent derrière leurs vitres incassables, une antenne parabolique sur le toit.

Je vois le grand portail du temple du Bouddha de Jade et j'entre sans hésiter. Des grappes familiales parcourent les salles, flânent dans les ruelles intérieures, mangent des *baozi*, les enfants suçant des bâtonnets de caramel. Endroit de paix, tournant le dos à cette course effrénée vers le profit qui guette sur les trottoirs.

Je pénètre dans une cour intérieure, m'assois sur un banc en pierre et contemple ma solitude.

Shanghai… Je pense à ce Shanghai, poumon économique de la nouvelle Chine, où tant de bateaux, de ferrys et de paquebots sillonnent le Huangpu, ce fleuve autrefois discret, à ces centaines de belles femmes plus séduisantes les unes que les autres, à tout cet univers jailli de notre histoire humaine, à portée de main et cependant… quelle solitude.

Personne ne me parle, ni ici ni dehors. Aucun passant ne me demande où se trouve tel ou tel musée, tel ou tel supermarché, à quelle époque fut construite la promenade du Bund. Je dois me contenter de mon bavardage intérieur, qui au lieu de me procurer de la compagnie m'accable d'incohérences. De quoi dépend donc le fait de se sentir accompagné ? De quelqu'un d'autre, bien sûr, mais même si je connais beaucoup de gens, et que je les aime, et qu'ils aiment aussi ma compagnie, cela ne résout pas mon problème.

Je regarde ma montre, ils vont bientôt fermer le temple. Le temps de jeter un coup d'œil à mon ami le Bouddha de la compassion et de prendre un thé vert « avec lui », car il m'apprécie, je le sais et ne me demandez pas pourquoi. Je me sens bien à ses côtés. Point.

Qu'est-ce que la sainte Vérité du chemin qui mène à la cessation de la douleur ? C'est la sainte Voie des huit corrections : l'opinion correcte, l'intention correcte, la

112

parole correcte, l'activité correcte, les moyens d'existence corrects, la concentration mentale correcte… Cette sainte Vérité du chemin qui mène à la cessation de la douleur doit être cultivée, et elle a été cultivée par moi » (Bouddha Sakyamuni).

La rue m'offre un éventail d'exemplaires humains venus de tous les coins du vaste monde. Ils ont l'air d'être heureux, ce sont toujours des familles, de rares couples, quelques solitaires, hommes ou femmes, qui fument, boivent, mangent. Je marche entre ceux qui vont et ceux qui viennent, le flux me bousculant, m'écrasant entre ses deux versants. L'heure est venue de quitter les lieux. Une crampe s'acharne dans mon estomac. L'angoisse, une fois de plus ? Pourquoi ? Mais voyons, il fait bon, je me trouve dans l'une des villes les plus prospères de la Terre, l'une des civilisations les plus anciennes du monde, je suis un homme qui devrait être, normalement, heureux. Mais il me faut compter avec ma maîtresse préférée : la solitude. Elle niche en moi, je ne sais où exactement, mais elle y règne. Pressant le pas, j'avance sur l'avenue qui borde le Huangpu. Mes pas doivent être gravés dans son dallage, tant et tant des fois je l'ai foulé. La sirène des bateaux qui vont vers la mer de Chine… Je suis ici depuis… deux, trois mois… Et le soir commence à pointer, que ferai-je ce soir ? Je n'ai pas envie d'écrire, et pour le tai-chi c'est trop tard. Alors ?

Un couple d'amoureux s'embrasse au bord du fleuve, ils se désintègrent dans leurs reflets. Trois mouettes atterrissent pour picorer, les arbres reçoivent les projecteurs des ferrys bondés de touristes et la voix du guide percute les remparts.

Solitude. Être seul au monde. « Le fils de l'homme n'a pas où poser sa tête. » Je suis seul. Gregorio est seul. Il y a solitude. Où ? Qui la vit ? Comment puis-je me sentir seul au beau milieu de cette immensité ? Des myriades d'étoiles me regardent, m'éclairent, se reflètent dans mes rétines, elles nourrissent mes pupilles, me dévoilant un monde matériel qui n'a pas de fin. Lorsqu'une étoile devient un trou noir, moi aussi je deviens une masse obscure au centre de la galaxie. Lorsqu'elle renaît, consacrant l'immortalité de la matière, je deviens moi aussi immortel. Mes cellules sont éternelles, et pas seulement ce que nous appelons l'« âme ». Rien ne meurt, tout se transforme. Mes mains qui font glisser cette plume sur cette feuille accomplissent un acte qui n'a jamais eu lieu dans l'histoire de l'univers, et qui n'aura plus jamais lieu. Le présent est la seule chose qui soit vraiment à ma portée. Et je le laisse couler entre mes doigts, maniant inutilement la plume à l'encre noire ?

Comment retenir le temps ? Comment m'intégrer moi-même, une fois pour toutes, à l'écoulement du temps ? Devenant le temps moi-même ? Ou bien prenant cette notion que nous avons nous-mêmes créée, le temps, et le dissoudre dans mon esprit ?

Je commence par le mettre face à moi. Comme ça, sans rancune, amicalement, et lui dis :

– Toi, le temps, qui as circonscrit ma vie, qui crées l'enfer avec le cadran de ta montre impitoyable, dis-moi où se trouvent tes racines, d'où jaillit la source de ton droit de mesurer chaque instant de mon existence ?

Le temps hésite, car je le fixe dans les yeux. Il n'ose plus s'écouler comme d'habitude, il baisse le regard. Je lis dans son expression qu'il a pitié de moi, de mes congénères, de tous les scientifiques de notre monde, de tous les marchands de notre planète, de nous tous qui avons fait de lui

114

une divinité infaillible, l'obligeant à devenir la caisse enregistreuse de notre impitoyable engrenage économique, de notre merveille biologique, de nos sentiments, nos désirs, nos amours, nos vertus, nos défauts… Il me dit :

– C'est toi qui m'as créé. Assume-toi donc. Assume-toi face à moi. En moi.

Et je lui rappelle que je suis seul ; car rien ni personne ne peut s'atteler à ma pauvre charrette corporelle. Aucun être humain ne veut m'entourer de ses bras.

– Crève, me disent-ils, les entends-tu ? Je n'ai pas le temps de m'occuper de toi, martèlent-ils. Je dois manger tous les jours, moi, ma famille, mon village, ma ville, mon monde. Toi, pour qui tu te prends, me crachent-ils à la figure, pour vouloir détruire ce qui nous a tant coûté ? Le temps nous guide, il donne un sens à nos vies, autrement on nagerait dans l'indéfinissable, dans l'indéfini, dans l'abstrait. S'il coule sous la pointe de ta plume, écrase-la, ta plume à la noix, et lève les yeux.

Je les lève, oui.

– Que vois-tu, alors ?

Je vois une immense marée de têtes humaines, dont les cerveaux grincent et crachent de la fumée comme une locomotive, dans les plaines les cigognes se sont évanouies, les sables du désert s'engloutissent dans une mer stérile.

– Voilà, me disent-ils, tu vois ? Toi le sceptique, tu es devenu le temps.

Les rues se vident, elles changent de visages, les gens diurnes cèdent la place aux noctambules. Ils ont une peau plus fine, cristalline. Ils sourient discrètement, avancent sans peine et sans se hâter. Les voitures ne les accablent plus, elles sommeillent à présent.

Onze heures moins cinq. Je presse le pas. Suis-je devenu vraiment le temps ? Est-ce moi qui engloutis les plages dans l'indéfini ? Moi qui dévore ces gens qui circulent dans les rues ? Ces femmes qui tiennent leurs enfants par la main, vite, au lit, on est en retard. Suis-je devenu le cadran impitoyable qui broie la vie de cet homme appelé Gregorio ? Comment échapper à ces deux aiguilles qui tissent des rides sur mon visage ? Les regards des autres sur moi me dévoilent leur lent creusement. Mon sommeil s'interrompt au moins deux fois par nuit, je dois mesurer mes actes pour pouvoir manier cette plume avec un certain enthousiasme. Et alors je déterre, une fois de plus, ma hache contre le temps.

Je rentre dans ma chambre, m'assois et observe ma respiration. Je les compte : un, deux, trois… dix. Puis : neuf, huit, sept… zéro. Mes expirations défont les nœuds de mon cerveau, qui glissent sur moi comme des poussières d'étoiles, elles arrivent à mes pieds et rentrent dans la terre. Puis ce sont mes mains, ma poitrine, mon dos, mon visage qui laissent se dissoudre les tensions qui iront elles aussi vers la terre mère. Lentement les battements du cœur se calment, la vieille querelle contre les montres et horloges s'estompe peu à peu. Les images défilent dans mon esprit, des nuages multicolores qui ne demandent que du libre espace pour s'envoler. Et le moment arrive de cesser ce flux des pensées. Je suis seul. Seul, mais pas de la même façon. Cette solitude n'est pas anxieuse. Elle se complète en elle-même. Je cherche alors le temps. J'invente même une pensée, bien concrète, pour l'attirer, pour m'assurer de sa présence. Si elle dure, le voilà le traître ! La pensée charrie une image, belle d'ailleurs, mais il m'est impossible de lui attribuer une durée. Elle apparaît, parcourt l'étendue de son existence et s'abandonne, comme celles qui l'ont précédée.

Moi, observateur, je voudrais sentir la griffe du temps dans mon corps. Manque de pot, je n'ai aucune sensation. Je veux que cette absence de corps accueille la durée, la succession, le temps, en fait, pour le voir à l'œuvre. Impossible. C'est moi-même qui me charge de l'ignorer.

Un aiglon survole la lavande
Il disparaît
Une corneille voltige sur la garrigue et s'en va
Les nuages passent du rouge au violet
Le ciel se fond dans l'azur.

.

18.

Effacer les traces

« Les énergies qu'on arrive à capter par les exercices du tai-chi chuan, ce sont les énergies non pas acquises mais innées. Ce sont des énergies qui existent en l'homme quel qu'il soit. Chez chaque homme. Le tai-chi chuan ne crée rien, le tai-chi chuan éveille, déterre, découvre, redécouvre et restitue » (Maître Gu Meisheng).

Je dois me coucher tôt car je me lève à cinq heures. C'est le cœur qui me dit que c'est l'heure du tai-chi.

Et cela me réjouit. Dans cette chambre, laissée vide à cet effet, mes aubes se peuplent des souvenirs de mes camarades, de tant d'aventures chinoises partagées, des paroles de mes maîtres.

« Maintenir l'énergie au sinciput, c'est tenir la tête et le cou droits, et "suspendre la tête par son sommet". Celui qui peut maintenir l'énergie au sinciput commence à être capable d'exécuter les mouvements correctement ; son énergie spirituelle est alors reliée au sommet de la tête. Il convient de ne pas employer la force musculaire qui raidirait le cou, gênant la circulation du sang et du souffle. Pour vider la nuque, il faut chasser toute pensée ordinaire, de sorte que le souffle pur monte et le souffle impur descend. Si l'on peut vider la nuque et maintenir l'énergie au sinciput, la force vitale se met en branle d'elle-même ; léger et agile, le corps entier est bien centré, sans pencher d'un côté ni de l'autre, et les jambes sont dans la position du cavalier en selle, d'une grande stabilité[1]. »

Il ne faut rien écouter ni penser d'autre que ce qui concerne l'art du combat avec son ombre. J'entame l'auto-massage, le *daoyin*[2], qui échauffe mon corps – cet ami sincère, parfois bien fainéant. Le corps répond, il est pragmatisme pur. L'action est son essence. Toute théorie ne l'atteint que rarement et presque toujours sans résultat.

Le *daoyin* fini, de nouvelles énergies font leur apparition. Comme si j'avais dans les reins une usine solaire que le tai-chi met au travail. Un sourire naît dans mon ventre et vient fleurir sur mes lèvres. Voilà, je me dis, tu es en forme, mon cher Gregorio. C'est le tour des exercices de base, travail sur le souffle vital, une douzaine d'exercices plus beaux les uns que les autres. Ils mobilisent, assouplissent, dynamisent chaque recoin de ma nature.

Puis je me concentre pendant quelques minutes. Je salue l'endroit qui m'accueille, salue mon maître, m'incline devant le ciel et la terre et rentre en tai-chi chuan. Mon *yi*[3], cette conscience venue du ciel antérieur pour guider ma pratique, pour lui donner son sens et son but, imagine et visualise la totalité des cent huit mouvements enchaînés que je m'apprête à exécuter.

Je démarre. Dans cette première partie, je me centre sur mes deux talons. Mes talons internes, bien sûr. Et je le fais non sans constater que je m'égare et perds ma concentration sur mes talons plus souvent que prévu.

La deuxième partie, c'est le tour du *yao*. Ici, le point central de la taille, une fois sollicité, allume le regard. Mais il l'allume de l'intérieur, d'une flamme dont la source est la glande pituitaire dans le cerveau. Flamme qui va jaillir de l'espace intersourcilier, siège du *shen*, énergie spirituelle.

Le *yao* activé, mon corps se redresse grâce à un pilier diamantin qui naît des talons et monte en spirale jusqu'au *baihui*, sommet de la tête. Quel enthousiasme ! Mon regard part au loin, l'espace s'élargit, devient plus vaste que la mer. Mon corps semble évoluer dans une aire pleine de vigueur solaire.

La troisième partie sollicite le *yi*, et tout s'apaise. Une instance sans limites permet l'envol d'un oiseau né de moi, dont les ailes sont l'air même en mouvement. Il ne dépend ni de l'espace ni du temps. Et moi je nage avec lui, dans l'océan sans bornes qu'il est, en lui, en moi-même.

Après une bonne tasse de Longcha (thé du dragon), j'essaie de pratiquer l'« effacement des traces ». Cela requiert l'abandon complet des règles. Ne plus tenir compte des talons, du *yao*, du regard, du poids des mains, etc. Laisser le corps agir à sa guise, tout en entrant de plus en plus à l'intérieur de moi-même, car c'est dans les replis cachés de mon organisme que se trouvent gravés les Règles et ses impératifs.

Mais qu'entend-on par « traces » ? Chaque apprentissage, chaque mouvement répété à l'infini, en le précisant à chaque fois, va laisser dans notre esprit un sillon. Souvenons-nous que l'esprit pour les Chinois n'est qu'un sixième sens. Il n'occupe pas, comme en Occident, la place centrale de notre moi ordinaire, de notre ego. Donc, quand je dis « esprit », je veux dire mon être tout entier, corps et mental. L'imprégnation des structures des mouvements, leur rythme, leur « sonorité », fixera progressivement leur empreinte dans notre mémoire cellulaire et neuronale. Après de longues années de pratique, soutenue, méthodique, nous sommes conviés à abandonner les vestiges de cet apprentissage. Comme celui qui traverse la rivière à l'aide d'un bateau. Une fois sur l'autre rive, il abandonne l'embarcation. Dans le tai-chi, nous devons laisser dériver la barque au gré des flots. Les flots, c'est notre énergie interne, notre *chi*.

Prenons un mouvement comme exemple : « la grue blanche qui déploie ses ailes » devrait s'exécuter sans notre intervention. Qui conduira, alors ? me demanderez-vous. Personne. Puisque la longue pratique a modulé déjà notre entendement et notre masse de chair et d'os, pourquoi ne pas lui faire confiance ? Abandonner notre corps navire ne veut pas dire le laisser s'échouer au milieu du courant. Nullement, car celui qui vit et agit au-delà de son intellect et de sa masse physique ne dort jamais.

« Votre vision ressemblera à l'espace infini, exempt de toutes limites et de tous obstacles[4]. »

Tout en effaçant mes traces, il me faut garder la concentration intacte, sinon mon adversaire (le temps) viendrait inoculer en moi son inépuisable écoulement. Car l'idée d'enchaînement contient en elle la notion du temps, les mouvements se faisant les uns après les autres ; donc il y a un avant et un après. J'essaie quand même. Les mouvements du silence se succèdent sans boussole, guidés sans être conduits. Immergés dans la spontanéité originelle.

Une espèce de lueur se fait jour au-dessus de moi, comme si une lucarne venait de s'ouvrir pour laisser filtrer la lumière du jour. Mais c'est la nuit, la preuve : la bougie allumée au coin du salon. Et cependant la lampe brille au-dessus de ma tête. Je m'interdis de lever le regard et continue à exécuter les mouvements que mon corps connaît par cœur. La lampe me suit, m'accompagne, silencieusement.

Tout à coup, sa lumière prend place dans mon corps et je me vois moi-même d'en haut. Éclairé. Je viens de prendre la place de la lampe et regarde Gregorio bouger.

Lui et moi nous déplaçons en silence, à peine si un léger murmure de pas de félin sur le parquet dénonce la matérialité de l'acte. Tout semble à ce point irréel. Des lignes à peine visibles parcourent la tenue blanche de l'homme. Elles se déplacent, s'entrecroisent, montent le long de son dos, arrivent au sommet de sa tête, descendent par son front, entrent dans sa bouche, tout en tournant sur elles-mêmes, elles parcourent la poitrine pour entrer dans un puits de clarté.

Elles ressortent à présent pour reprendre la descente. Arrivées au périnée, les lignes brillantes entrent dans le coccyx et, tel un serpent aveuglant, s'enroulent sur la colonne vertébrale, montent ainsi, lentement, redressant chaque vertèbre, traversent les cervicales pour accéder au faîte suprême. Mon esprit murmure : « Porte du ciel. » Porte sans passe qui s'ouvre déployant un ciel débordant d'étoiles. La noirceur de l'air accentue la pureté de leur lumière. Quelqu'un monte à travers elles. Ce n'est pas une personne, mais il y a ascension. La forme tourne en s'allongeant, revient sur elle-même, devenant un point qui explose pour créer la grue blanche embrassant la moitié du ciel. Où se trouve le temps ? Où ma solitude ?

« Unifie ton attention. N'écoute pas avec ton oreille, mais avec ton esprit. N'écoute pas avec ton esprit, mais avec ton énergie. Car l'oreille ne peut faire plus qu'écouter, l'esprit ne peut faire plus que reconnaître tandis que l'énergie est un vide entièrement disponible. La Voie s'assemble seulement dans ce vide. Ce vide, c'est le jeûne de l'esprit[5]. »

19.

L'homme dont la terre est le toit

L'homme dont la terre est le toit
d'un souffle en flammes est nimbé.
D'un arbre des monts descendu
les racines l'embrassent.
Voyez sa lumière monter
vers la crête du monde.
De l'homme dont la terre est terroir,
voyez ses branches fleurir,
l'horizon autour de lui
en pluie d'étoiles
se déploie[1].

Gu Meisheng me montra un jour comment entrer en rapport avec mon partenaire idéal. Nous étions à Shanghai, dans l'appartement consacré à la pratique. Il s'assit face à moi et m'instruisit sur les différentes étapes qui vont de la concentration à la visualisation du partenaire idéal dans la caverne terrestre, pour recevoir de celui-ci son *chi* le plus raffiné.

Après nous être salués mutuellement, je le remerciai pour son initiation. Alors il me conseilla de pratiquer cette méditation aussi souvent que possible, afin de consolider le lien que je venais d'établir avec mon partenaire idéal.

Une semaine plus tard, après avoir suivi les conseils de mon professeur, il nous réunit dans la même salle, afin de pratiquer la même rencontre avec notre partenaire idéal.

Nous étions sept camarades autour de M. Gu. Il commença par nous guider vers une concentration profonde qui nous prit une dizaine de minutes. Puis j'ai entendu sa voix, aimable comme toujours, mais impérative, dire :

– À partir de ce moment, c'est Gregorio qui conduit la méditation.

J'ai eu un haut-le-cœur en l'entendant et ma première réaction fut de me dire : « Je n'ai pas bien entendu. » Mais ouvrant les yeux, je me suis trouvé face à son regard qui non seulement me confirmait sa proposition, mais n'admettait pas la moindre réticence de ma part.

Mes mains étaient moites. La puissance de la personnalité de notre maître faisait que ses suggestions étaient de véritables ordres. Je me disais : « Nous sommes tous ici de vieux camarades, ils savent tous que j'en suis aux balbutiements en ce qui concerne cette pratique. De quel droit vais-je les conduire dans l'un des exercices les plus ésotériques de notre école ? » Mais la décision ne m'appartenait pas et je sentais que mon hésitation commençait à impatienter mon maître.

Alors je commençai :

– Nous nous concentrons sur la respiration. Notre conscience peut se placer sur la base du nez, ou bien à l'intérieur du sinus, afin de percevoir l'entrée et la sortie de l'air.

Après quelques minutes, j'ai poursuivi :

– À présent nous comptons les respirations de un à dix et de dix à un. Inspiration : un ; expiration : deux, et ainsi de suite. Si nous constatons que nous nous sommes égarés dans le compte, nous reprenons à zéro, sans faire de commentaires.

J'observai mes respirations ainsi que je venais de le proposer et, au bout de deux dizaines, je dis :

– Nous cessons de compter nos respirations et plaçons notre attention sur l'expiration uniquement, jusqu'à son extinction complète. Et j'ajoutai : Cette observation de l'expiration nous permet d'approfondir la concentration et d'apaiser le mental.

Puis je proposai de prolonger l'observation et l'écoute de l'expiration bien au-delà de l'expulsion de l'air. Ce qui donne comme résultat un instant de suspension que j'appelle l'« intervalle entre deux respirations ». Le pas suivant est d'observer cet intervalle, sans le prolonger ni l'écourter.

Et je continuai :

– Nous imaginons à présent que de la plante de nos pieds poussent des racines qui entrent dans la terre. Elles se frayent un passage entre les couches de pierre et de glaise, pour s'enfoncer de plus en plus dans la masse terrestre.

Je proposai alors la lecture d'un poème. Je pris une feuille et la donnai à l'un de mes camarades en le priant de le réciter.

L'homme est devenu arbre,
les branches de son cœur en fleur de galaxies.
Deux racines entrelacées, serpents de terre,
fouillent, brisent les entrailles rocheuses.

Nous faisons une pause afin de permettre que notre visualisation et nos sensations s'affirment et s'affinent.

Puis je dis :

— L'une après l'autre, les différentes strates terrestres sont franchies par les racines qui poussent de nos pieds, s'approchant de plus en plus du centre de notre planète.

Des rivières souterraines abreuvent leur incessant labeur,
des rêves du soleil nourrissent l'élan qui vers
l'ombilic de la planète les mène.
J'entends d'ici le vacarme de leur vouloir,
les couches, pierreuses d'argile, des fossiles, rechignent,
niant leur passage.

— À présent, nos racines arrivent à une caverne située au cœur même du monde, où se trouve notre partenaire idéal, assis en méditation profonde. Il est entouré d'un halo lumineux qui n'est autre que son propre *chi*. La lumière qui émane de son *chi-shen* est le fruit de l'épuration de ses sentiments, de ses désirs et de son calme mental.

Et la caverne
dévoile l'homme à la sagesse voué.
Ses yeux emplis de millénaires,
il ouvre la passe obscure
aux racines assoiffées.

— Nos racines entrent dans son halo et puisent cette énergie hautement spirituelle. À travers ces mêmes racines, son *chi* entame la montée vers nous.

La sève de la terre monte à son tour
franchissant tout écueil.

– Elle monte, la sève de la terre, elle franchit une à une les couches qui la séparent de nous… son ascension continue… elle arrive à nos pieds. Le Souffle de notre partenaire idéal entre par la source bouillonnante (la plante de nos pieds), progresse par nos jambes, remplit nos organes, la poitrine, les bras et les mains, jusqu'à inonder de lumière notre tête.

De l'homme devenu arbre le Souffle s'approprie.
Un ovale de lumière se fait jour :
microcosme égal à l'univers,
il héberge les océans,
de mille cigognes leurs nids,
des jungles sans nom les dix mille chants,
du vent en tourbillons
l'aube de l'âme.

Je cessai de parler afin que chacun de nous puisse ressentir, dans le plus grand silence, la sérénité qui nous habitait.
Passé quelques minutes, je dis :
– Nous remercions notre partenaire idéal d'avoir répondu à notre demande et nous fermons notre séance.
Lentement, nous nous levâmes. Notre première salutation s'adressa à notre maître, puis nous remerciâmes l'endroit qui nous avait accueillis.
Mon regard croisa celui de M. Gu qui me fit un signe d'approbation. Je respirai, soulagé.

L'homme est devenu arbre
les branches de son cœur en fleur de galaxies.
Deux racines entrelacées, serpents de terre,

L'art du combat avec son ombre

fouillent, brisent les entrailles rocheuses.
Des rivières souterraines abreuvent leur incessant labeur,
des rêves du soleil nourrissent l'élan qui vers
l'ombilic de la planète les mène.
J'entends d'ici le vacarme de leur vouloir,
les couches, pierreuses d'argile, des fossiles, rechignent,
niant leur passage.
Et la caverne
dévoile l'homme à la sagesse voué.
Ses yeux emplis de millénaires,
il ouvre la passe obscure
aux racines assoiffées.
La sève de la terre monte à son tour
franchissant tout écueil.
De l'homme devenu arbre le Souffle s'approprie.
Un ovale de lumière se fait jour :
microcosme égal à l'univers
il héberge les océans,
de mille cigognes leurs nids,
des jungles sans nom les dix mille chants,
du vent en tourbillons
l'aube de l'âme.

20.

L'aspect martial

Lors de ses présences à Paris, chaque mercredi au Forum, Gu Meisheng fait l'enchaînement et nous demande de pratiquer l'énergie d'adhésion. Redevenir des enfants de douze ans et le suivre sans nous poser de questions.

Comme je suis face à lui, je me moule à ses mouvements, à son rythme, essayant de ne point intervenir par moi-même. Ce n'est pas facile du tout. Car le peu que je connais, je veux le contrôler, comme si je craignais de tomber dans un gouffre. Il y a une telle souplesse dans sa pratique, tout est rond et léger, comme s'il touchait à peine le sol. Les anciens textes du tai-chi le disent : sentir qu'un fil venu du ciel nous tient suspendus par le sommet de la tête.

Les mouvements enchaînés finis, nous pratiquons le *tuishou*, la poussée des mains, l'aspect martial. Je le fais avec lui. Tout de suite notre travail à deux s'harmonise dans un mouvement circulaire. Je ferme à moitié les yeux pour ne pas me distraire et capter les variations de son énergie. Et il fait exprès de varier le rythme, d'appesantir son *chi*, de le rendre léger pour, soudain, me repousser en me projetant contre le mur. Sa poussée n'est pas violente et a lieu, comme il dit, « dans le moment opportun ».

Lorsque le *chi* fait un tour, il profite de cet élan soit pour me tirer en arrière, soit pour m'envoyer au loin.

« Les énergies intérieures qu'on arrive à mobiliser dans le combat au moyen du tai-chi chuan relèvent de ce qu'on appelle "énergie du ciel antérieur". Tout ce qui est du ciel antérieur, ce sont des choses, des êtres, de l'Être qui est apparu avant la formation de l'univers ; avant la formation du ciel et de la terre.

Le ciel postérieur, c'est le contraire. C'est tout ce qui apparaît après la formation de l'univers. Ce sont des phénomènes qui arrivent après la naissance de l'homme. Donc, ce sont des choses acquises. Cela désigne tout ce qui correspond au monde des phénomènes » (Gu Meisheng).

Pendant les années qui ont suivi, j'ai toujours gardé cette sensation de rondeur, d'absence totale d'agressivité, d'envie de ne jamais chercher à imposer, et surtout, d'harmonie de nos deux *chi* qui circulaient dans un seul flux. Comme deux rivières qui s'unissent pour engendrer un grand fleuve.

Les prémices du *tuishou* consistent à abolir les notions d'ennemi, d'agresseur et agressé, de compétitivité, de volonté de gagner. Car, en fait, qui en nous veut vaincre ? Notre ego. Même dans le cas d'une véritable agression, nous devons surveiller notre ego et ses réactions. Et c'est avec la colère, la peur, l'orgueil de notre petit moi que nous devons nous affronter. Pas avec la personne qui se trouve face à nous. Cette personne, malgré la négativité de son acte, nous permet de voir jaillir de nous-même les pulsions les plus contradictoires, et de nous confronter avec notre haine, nos rancunes, notre mépris, essayant de comprendre celui qui en nous peut détester, craindre, mépriser. Ainsi, nous devrions remercier notre agresseur car, en fin de compte, c'est grâce à lui que nous pouvons mieux nous connaître.

Dilgo Khyentsé Rinpotché, l'un des maîtres spirituels tibétains les plus éminents de notre époque, dans son enseignement *Considérez toute chose comme un rêve*, nous dit :

« Quand on nous frappe avec un bâton ou une pierre, cela fait mal ; si l'on nous traite de voleurs ou de menteurs, nous nous mettons en colère. Pourquoi ? Parce que nous nous tenons en haute estime et sommes très attachés à ce que nous considérons comme nous-mêmes ; nous pensons donc : "On m'attaque !" L'attachement au moi est le véritable obstacle à la libération et à l'Éveil. Ceux que le "moi" appelle des faiseurs d'obstacles ou forces négatives – fantômes, dieux, démons – ne sont pas des entités extérieures. C'est de l'intérieur que viennent les ennuis. »

Dans ma pratique d'autres arts martiaux, j'avais appris à me battre, mon agresseur était mon ennemi à abattre, je devais cogner le premier celui qui était en face, il fallait qu'il morde la poussière. Alors que dans le tai-chi, celui qui mordra la poussière doit être mon orgueil, ma vanité, l'être violent que je suis.

Le tai-chi vise ce moi de surface depuis le début. Car il est la racine du conflit. J'observais mes camarades. L'un d'entre eux était un garçon gentil, aimable, pacifique, mais lorsqu'il pratiquait, son visage se crispait, il mâchait ses molaires, sa poitrine se gonflait dans une respiration agitée. Moi aussi, je faisais partie de ces pratiquants dominés par les émotions, par les envies de pouvoir.

Il m'a fallu des longues années pour passer du ciel postérieur au ciel antérieur. Le premier, selon les taoïstes, c'est notre monde. Conditionné par nos six sens : l'odorat, l'ouïe, le goût, le toucher, la vue et l'esprit qui, pour les moines taoïstes, n'est qu'un sens de plus. Pas comme en Occident, où il trône sur le piédestal de l'ego. Cette découverte m'a assommé : l'intellect, en qui je mettais toute ma confiance, mes espoirs, mon orgueil, devenait un esclave de plus du monde extérieur. Qui donc voyait par mes yeux, écoutait par mes oreilles, sentait par mon nez, palpait par mes mains ? Qui était celui qui pensait par mon mental, qui imaginait, déduisait, mémorisait, raisonnait, idéalisait, etc. ? Les mots de Gu Meisheng : « C'est lorsque je ne pense pas qu'à la longue je sais qui je suis » sont à l'opposé du « Je pense, donc je suis » de Descartes.

Chemin de retour donc, apprendre à observer et à comprendre le monde que nous décrivent ces six sens, tout en portant notre attention sur celui qui saisit le monde à travers eux. Devenir l'observateur de ses six capteurs de la réalité extérieure. Monter le cheval ailé qui est notre énergie subtile entre nos deux yeux, et entreprendre l'envol de retour vers notre vrai visage. Celui qui est là, face à nous, depuis toujours. Patient, généreux, nous aimant au-delà de toute imagination, mais… sans complaisance. Visage que nous sommes, que nous ignorons que nous sommes. Et il attend, tout en nous incitant à chercher celle ou celui qui nous le fera découvrir. « Poussée » qui jamais ne viendra de notre ego, mais de cet homme vrai occulté par nos désirs, notre suffisance, notre ignorance. Et qui cherche sa propre liberté.

« Que veut dire un "homme vrai" ? Celui qui ne se rebelle pas contre la disette, qui ne devient pas orgueilleux dans l'abondance et ne vit pas dans ses planifications. Un tel homme pourrait commettre une erreur et ne pas le regretter, il pourrait rencontrer le succès et ne pas en faire un spectacle. Il pourrait gravir des lieux élevés sans avoir peur, entrer dans l'eau sans se mouiller, et dans le feu sans être brûlé. (…) Il respire avec ses talons, alors que les gens dans l'ensemble respirent avec leur gorge. (…) Il ne sait pas aimer la vie ou détester la mort. Il a émergé sans exaltation et s'en retourne sans chichi. Il vient rapidement et se retire de même, voilà tout. Il n'oublie pas où il a commencé et n'essaie pas de savoir où il va finir. Il reçoit quelque chose et s'en délecte ; il l'oublie et le rend de nouveau. C'est ce que j'appelle ne pas utiliser le mental pour repousser la Voie, ne pas se servir de l'homme pour aider le ciel. Voilà pour moi l'homme vrai[1]. »

Pratiquer l'aspect martial du tai-chi nous permet de saisir la logique de chaque mouvement. Savoir avec précision quelle est la position de notre partenaire fait que nous disciplinons jour après jour notre mental. Et cette éducation du mental nous permettra, avec le temps, d'activer notre *yi*, l'intention de notre esprit.

Il faut que notre esprit soit dégagé de pensées mécaniques, qui le parasitent. Pour avoir un mental cohérent, il faudrait avoir déjà discipliné le regard. Le regard est le lit du fleuve par où circulera le courant. Si notre regard – le lit du fleuve – est propre, sans remous, le fond de notre conscience, matérialisé dans le *yi*, pourra déployer toutes ses potentialités.

Quant au *tuishou*, il nous fait sortir des limites de nous-mêmes. Nous sommes habitués à travailler avec « notre » corps, « notre » *chi*, « notre » esprit. La poussée des mains nous oblige à écouter l'autre. À saisir, au moyen de l'énergie d'adhésion, le caractère des énergies de notre partenaire. Tout d'abord, donc, adhérer à son *chi*, puis écouter son *chi*, et finalement comprendre son *chi*.

Cette pratique m'a permis d'être plus patient avec les personnes avec qui je travaille. Les respecter dans leur métier, leur savoir. Attendre qu'il ou elle trouve la solution aux problèmes qui peuvent nous occuper, et qu'il ou elle l'applique.

Patience aussi vis-à-vis de moi-même. Si je rédige une page, permettre que mon esprit me donne les suggestions nécessaires, le laisser exprimer à fond ses postulats, sa vision des choses.

Pendant le sommeil, ne pas vouloir modifier le cours de mes rêves. Donner la liberté que méritent tous les personnages et situations oniriques, même celles de mes cauchemars.

Dans la relation sentimentale, émotionnelle avec une autre personne, respecter les premières impulsions du cœur. Elles ne mentent jamais. Saisir et respecter ces mêmes premières impulsions de la part de l'autre, qui ne mentent pas non plus.

Enfin, martialement, savoir qu'à n'importe quel moment nous pouvons être terrassés par notre partenaire.

Le serpent esquive le violent coup de bec
L'aigle échappe à la mortelle étreinte du serpent
Soudain, celui-ci avale sa proie
Le rapace explose ses ailes brisant l'anneau de fer
L'aigle-serpent devient dragon
Il chevauche l'infini.

21.

La petite révolution sidérale

Ce vendredi, la veille de notre dernier jour de pratique aux Trois Cyprès, nous nous réunissons comme d'habitude autour de l'Ancêtre. Après l'élagage, le vieux chêne s'est recouvert de nouvelles branches et semble plus que jamais régner sans partage dans la petite forêt. Le mois de mai dans le Luberon, c'est le réveil des hirondelles, des rainettes dans le bassin, des corneilles qui viennent picorer entre les sillons de lavande et des buses qui déploient leur vol majestueux dans les hauteurs. Le mont Ventoux, au loin, semble émerger d'une dernière neige, et la luzerne étend un tapis de bonheur autour de nous.

Je demande aux amis de s'asseoir en cercle rapproché autour du chêne : notre travail sur la « petite révolution sidérale » va exiger de nous une forte concentration et une double écoute, car l'un d'entre nous lira un poème pendant que j'essaierai de guider, concrètement, la pratique.

Nous allons procéder en suivant deux principes. Le premier sera celui d'une évocation du sujet poétiquement, en employant des images qui vont s'adresser à notre intuition, à notre imaginaire. Puis nous entrerons dans le monde des concepts, où l'analyse du même sujet s'adressera à notre rationalité, à notre intellect.

Je leur rappelle l'importance de bien guider notre imagination créatrice. Si celle-ci prend le dessus, elle peut nous entraîner dans la rêverie et nous faire tourner en rond. Lorsque nous conduirons mentalement le parcours de notre *chi* dans nos méridiens, le manque de concentration et de rigueur dans notre esprit peut nous causer des troubles physiques et, pire encore, des perturbations psychologiques.

Lorsque nous sommes assis en silence, je demande à tous de se concentrer sur le point *huiyin*, dans le périnée, entre le sexe et l'anus. C'est là que se concentre l'énergie de base qui va alimenter notre pratique.

Après quelques instants, je leur demande de se concentrer sur le coccyx.

À chaque point, il nous faut dédier du temps, afin de bien ressentir sa qualité.

Nous montons jusqu'au point central du *yao*, où l'écoute et la sensation doivent être soutenues pendant un bon moment.

Nous allons après vers le point *dazhui*, qui se trouve à la confluence des vertèbres dorsales et cervicales et, de là, nous avançons vers le sommet de la tête où se trouve le point *baihui* (porte du ciel).

L'étape suivante est l'espace intersourcilier, où se trouve le *dantian* supérieur, siège du *chi-shen*, souffle spirituel, qui sera suivi de la descente vers la base du nez, côté gauche, point de rencontre entre la fin du méridien *dumai* (yang) et celui de la poitrine, le *renmai* (yin).

Par la suite il s'agit de bien sentir le centre de la poitrine, où se trouve le *dantian* du cœur, pour continuer vers le *dantian* inférieur, appelé aussi « océan du souffle vital ».

Nous approchons alors de la fin du périple en atteignant le *huiyin*, le point de départ.

Je demande à tous de parcourir mentalement ces étapes qui jalonnent le chemin de la petite révolution sidérale.

Ensuite, nous pouvons demander à notre esprit de trouver, en nous-mêmes, dans notre corps de chair et d'os, un lieu où il se sente à l'aise. Où il se trouve chez lui.

Une fois ce point trouvé, nous nous identifions à lui, devenant un avec lui, corps et esprit.

Après quelques minutes, je fais signe au récitant de commencer.

Lové dans l'ombre de la profonde racine
le vieux serpent[1] dans la grotte obscure
sommeille.

– Cette première image nous invite à nous concentrer sur la racine de notre corps qui est le point *huiyin*, dans le périnée. Dans cette grotte obscure se trouve notre *chi*, lové comme un serpent. Il a les yeux mi-clos et semble sommeiller.

Dans le vide s'ébranle le gong
qui dans la voûte crânienne résonne.

– Le vieux serpent se réveille et le point *huiyin* vibre faisant sonner le gong de notre voûte crânienne.

En spirales, le reptile monte
s'enroulant sur la montagne aux mille sommets.

– Le *chi* se redresse et s'enroule sur le coccyx. Il monte en spirale le long de la colonne vertébrale, redressant l'une après l'autre ses vertèbres. Il nous faut donner du temps au Souffle pour qu'il puisse pénétrer dans l'espace qui se trouve entre les vertèbres, afin de les dénouer, les nourrir, les renforcer, empêchant ainsi leur tassement.

Voguant dans la grande rivière
il dresse l'élan du monde…

– Le Souffle entre dans la moelle épinière, vue comme une rivière, et au fur et à mesure de son ascension il alimente ce fluide cérébral, affermissant ainsi notre capacité neuronale.

… pour franchir le seuil du ciel

– Notre *chi*, toujours en spirale, monte par les vertèbres cervicales, arrive à l'atlas, où il tourne plusieurs fois afin de bien le détendre et le consolider. Puis il escalade l'occiput pour accéder au sinciput, sommet de la tête, appelé « porte qui donne accès à l'immensité du ciel ». Mais ne l'ouvrez pas car, au lieu de monter, le *chi* doit continuer son chemin vers l'espace intersourcilier. Il descend donc par le front…

et à travers la gorge étroite
des jungles touffues…

– … il passe entre les deux sourcils pour arriver du côté gauche de la base du nez, point final du *dumai*, méridien du dos. À présent, il entre dans notre bouche et…

140

… par le canal du verbe
il glisse vers la mer étale.

– … en atteignant la langue dont la pointe se trouve appuyée sur le haut du palais, notre Souffle entame la descente par le *renmai*, méridien de la poitrine ou de la gestation.

Tel le nageur habile
sur les vagues s'appuie
et maintient sa descente
en épousant les flots.

– Il nous faut bien détendre la poitrine afin que le *chi* puisse traverser cette zone où se trouvent beaucoup de tensions émotionnelles et atteindre ainsi le *dantian* moyen, où il entre et se répand en vagues sereines qui se succèdent les unes les autres. Notre Souffle descend toujours en cercles, ou bien en zigzags, telle une feuille qui tombe de l'arbre dans une journée sereine. Il atteint alors le *dantian* inférieur, dans le champ de cinabre, où il entre et tourne en cercles horizontaux, comme dans une mer étale. Puis, saisissant le moment opportun, lors d'un de ces cercles il sort du *dantian* et reprend sa descente.

Abandonné sur le versant,
telle une langue de flammes,
l'ombre gagne
dont il est né.

— Comme un poisson qui glisse dans une grande rivière, le *chi* semble s'abandonner au rythme du courant, approchant ainsi le lieu de sa naissance : le point *huiyin*. Une fois arrivé…

Lové dans ses ténèbres,
— nuit suspendue —
il se fond
dans ses origines.

Notre Souffle vital vient d'atteindre sa souche originelle.

Serein,
au cœur de la profonde racine
le vieux serpent dans la grotte obscure
sommeille.

— Nous essayons à présent de bien sentir la force de ce retour, où le grand serpent semble sommeiller après un si long périple. Petite révolution où notre énergie interne a travaillé durement pour redresser notre colonne vertébrale, nourrir les muscles qui la soutiennent, régénérer notre moelle épinière ; dissoudre aussi les nœuds qui se trouvent toujours au niveau des cervicales et de la nuque ; apporter sa vitalité à notre *dantian* supérieur, situé entre les sourcils. Ce travail effectué, lors de sa descente par le *renmai*, il a dû soulager notre poitrine, nos poumons, apaiser notre plexus solaire, ainsi que le *dantian* du cœur qui a toujours besoin d'être réconforté, et venir renforcer notre océan du souffle, dans le *dantian* inférieur.

Le gong des hauteurs une fois de plus résonne…

La petite révolution sidérale

– Entendant la vibration du *huiyin* qui résonne dans le
baihui, sommet de notre tête...

... en spirale, incandescent,
l'antique serpent
entame sa nouvelle montée.

Lové dans l'ombre de la profonde racine
le vieux serpent dans la grotte obscure
sommeille.
Dans le vide s'ébranle le gong
qui dans la voûte crânienne résonne.
En spirales le reptile monte
s'enroulant sur la montagne aux mille sommets.
Voguant dans la grande rivière
il dresse l'élan du monde
pour franchir le seuil du ciel,
et à travers la gorge étroite
des jungles touffues
par le canal du verbe
il glisse vers la mer étale.
Tel le nageur habile
sur les vagues s'appuie
et maintient sa descente
en épousant les flots.
Abandonné sur le versant,
telle une langue de flammes
l'ombre gagne
dont il est né.
Lové dans ses ténèbres
– nuit suspendue –

L'art du combat avec son ombre

il se fond
dans ses origines.
Serein,
au cœur de la profonde racine
le vieux serpent dans la grotte obscure
sommeille.
Le gong des hauteurs une fois de plus résonne,
en spirale, incandescent,
l'antique serpent
entame sa nouvelle montée.

22.

Le combat avec mon ombre

Centre de tai-chi à Shanghai. Maître Gu arrive et tout le monde accourt pour lui serrer la main. La salle est pleine d'élèves européens ainsi que de disciples chinois. L'un d'entre eux a apporté de délicieux *baozi*, faits maison. Il enlève le tissu blanc qui couvre le panier et nous commençons à savourer ces boules de farine de blé entourant une farce, accompagnées du classique Longcha (thé du dragon).

Je suis venu ici directement de la faculté de médecine, où je loge depuis un mois, grâce au fait que notre école fonctionne dans le cadre de cette institution.

J'ai passé la matinée dans le Fuxing Park, où j'ai observé de près un maître de chigong. De petite taille mais bien musclé, il enseigne à ses élèves comment respirer, avec une cigarette allumée entre les lèvres.

Les jeunes filles aux éventails, avec leur danse au son d'une musique anodine et rythmée, m'ont permis d'apprécier la fraîcheur de ces visages souriants, dont les yeux semblent regarder des royaumes enchantés, bien éloignés d'une réalité souvent médiocre et monotone.

Faisant semblant d'observer les groupes qui pratiquent en masse le tai-chi, je suis allé voir la danseuse cachée : trop âgée pour monter sur la scène, une femme exécute des passages du célèbre opéra *Le Pavillon des pivoines*.

Dans un petit bosquet, à l'abri des regards indiscrets, elle semble être entourée des esprits de la terre et des enfers, comme le veut l'intrigue de la pièce.

Je me glisse entre les magnolias en fleur, avec un livre à la main. Plongé en apparence dans la lecture, je m'assois sur un tronc en lui tournant le dos. Je peux ainsi entendre son chant et regarder par intermittence sa danse.

Elle porte une tunique blanche qui la couvre de la tête aux chevilles, de hautes chaussures qui cachent à peine ses pieds raccourcis (car ils furent bandés), son visage exagérément maquillé.

« De quelle maison est donc cet élégant jeune homme, venu de loin ou de près, pour avoir osé attirer la recluse au cœur du jardin ? La suite de l'histoire me laisse rougissante : ces yeux qu'il avait, qui me saisissaient, ô ciel, quel embarras, sa bouche, mes lèvres prêtes à répondre à ses douces paroles[1]... »

De temps en temps elle reste immobile, les yeux pleins de larmes. Puis, son âme apaisée, elle reprend la danse. Son chant est presque inaudible, on la dirait déjà morte, comme l'héroïne priant dans les enfers pour que son amant la ramène à la vie. Je sais qu'elle sait que je suis là, que je suis venu, comme d'autres fois, pour la voir revivre le triste destin de l'amoureuse.

« ... Ne sommes-nous donc pas destinés à nous aimer par nos vies antérieures ? Je n'ai jamais aperçu son visage dans ma vie quotidienne. Est-ce à dire qu'il ne m'apparaîtra que dans une vie future et que, dans celle d'aujourd'hui, je ne l'aurai vu qu'en rêve ? Vivante, je me blottis contre lui : qu'il m'emporte donc dans ses bras, palpitante de vie, vers le sommeil ! ô bouleversantes pensées printanières !… »

J'aime douloureusement cette femme. Je suis sûr qu'elle a été une grande comédienne, une magnifique chanteuse et que la vie, dans une bourrasque absurde, l'a jetée hors du monde des immortels.

Soudain, je n'entends plus rien. Elle est partie, me dis-je, mais le bruit sourd d'un corps qui tombe me fait bondir.

Agrippée à l'arbre, elle pleure sans émettre le moindre son. Elle ne me rejette pas lorsque je la prends par les épaules, mais elle m'ignore, comme si je n'existais pas. Elle soulève sa tunique pour sécher ses larmes, laissant à découvert la robe colorée de la tragique héroïne.

Je lui demande :

– *Ni hao ma* ? (Comment allez-vous ?)

Elle tourne le visage et me regarde dans les yeux. Ma question est absurde, évidemment. Un sourire se dessine sur ses lèvres où le rouge se décompose.

Glissant sur l'arbre elle se redresse, alors qu'un geste de sa main m'écarte brutalement. Debout, les yeux mi-clos, son regard se perd au loin.

Je m'éloigne en reculant, pas à pas. Ne pas perturber ce moment où elle semble avoir réuni tout son être dans une profonde amertume. Soudain, je vois ses lèvres remuer. Je m'approche, elle récite. Sa voix est si ténue que je touche presque son visage…

147

« … Appuyé contre le rocher, il soulève mon corps gracieux et au moment de le renverser, la chaleur de son soleil tire de mon jade une tendre exhalaison. Passé la balustrade, au tournant de l'escarpolette, j'ai étendu ma jupe, osant en couvrir la terre pour la dérober au regard du ciel. Un moment éclatant, d'une plénitude ineffable. Au paroxysme de ce rêve, ne voilà-t-il pas que les pétales se mettent à tomber ! »

À la maison de thé, je bois tasse après tasse, sans pouvoir éloigner de mon esprit le regard de cette femme. Pourquoi cette cérémonie si désespérée ? Comment vit-elle, a-t-elle un mari, des enfants ? Que gagne-t-elle à venir chaque dimanche, cachant sa honte dans le bosquet, pour remuer si durement son passé ?

J'imagine que je suis le seul à s'être permis de la regarder. Ou bien il y en a eu d'autres qu'elle a dû expulser d'un regard haineux.

C'est la troisième fois que je vois un être humain normal affronter un destin tracé par la volonté des dieux et par le caprice des hommes. Voilà le sort du comédien. Exposer son corps, son âme, à des souffrances qui n'appartiennent qu'aux songes d'un poète mort depuis longtemps. Dramaturge qui a prétendu surmonter sa propre disparition en créant des êtres fictifs qui seront, eux, des immortels.

La mort a-t-elle un corps ?
Un corps porte-t-il en lui-même sa mort ?
Règne des vivants en haut
Règne des morts en bas
Les lois des hommes et des dieux
sont-elles aussi durables
que les flocons de neige sur un brasier ?

Est-ce cela que cette femme cherche ? La pérennité en échange d'un absurde rituel ? Se couvrir de honte en se voyant célébrer seule ce « combat avec son ombre », dérobée au regard des hommes et des femmes derrière la fragile barrière des arbres ? S'apitoyant sur elle-même ?

Et moi, qui suis-je pour la juger et supposer un jugement des autres ? J'ai déjà vu une autre femme faire son mea culpa exposée aux regards de ses semblables. Mais pour elle le témoignage des autres était indispensable. Pour nettoyer son corps et son âme, elle avait besoin d'un acte communautaire. Notre psychiatrie moderne exclut la participation sociale autour du malade. Elle exige l'introspection en chambre, séparée du monde qui est à l'origine de son désarroi – en d'autres mots elle le condamne à la solitude.

Alors qu'ici nous sommes en présence des coutumes antiques, comme à Bagdad, où les malades étaient « internés » sur la place publique. Tout le monde prenait part à leur douleur, participait à leur guérison.

Les Aztèques confessaient leurs fautes devant le peuple réuni au marché. Ma danseuse se retranche derrière les feuillages tout en sachant que les gens qui tournent autour du bosquet savent qu'elle rumine sa tragédie.

Sur la barque au toit de roseaux
vogue la femme aux ailes de brume.
Mes pleurs n'ont pas encore commencé,
mais ils sauront nourrir leur feu glacé.
Elle s'éloigne sans se retourner,
est-ce si tard déjà ?
La rame frappe l'eau, la perce, la proue du fragile navire
caresse le miroir sans rides.

La lune brille encore ?
Un garçon jaillit des profondeurs
portant dans sa bouche une racine de lotus ;
il s'agrippe à la barque et lève son visage vers la femme.
Écartant son voile, elle prend le tubercule.
Le garçon la contemple...
Ah ! comment la retrouver ?
Il lui crie : « La racine mourra hors du lac ! »
Déjà l'ondée l'entraîne.
Une main se lève, s'agit-il d'un au revoir ?
Je le prends pour véritable
si grande est ma soif d'amour.

On entendait les perruches chanter. C'était une bonne idée d'avoir apporté ce couple d'oiseaux dans notre grande salle de tai-chi. Leur chant nous ramenait à une réalité autre, car notre obsession de bien faire les cent huit mouvements enchaînés nous enchaînait, justement, à cette idée pernicieuse de progrès, de perfection.

Même si notre école excluait toute idée de compétitivité, une urgence occulte nous poussait à chercher la perfection technique au détriment du calme souhaité. Car le tai-chi doit amener à la source originelle de chacun où les eaux coulent cristallines, sans raison d'être, sans objet, intégrées à la spontanéité cosmique qui régit sans régir les galaxies.

Gu Meisheng se déplaçait entre les pratiquants, donnant des conseils à l'un et à l'autre, s'arrêtant de temps en temps pour expliciter un détail sur l'écoute du *chi*, sur l'importance du regard, sur l'action du *yao*. Tout le monde l'entourait.

Le *chi*, nous disait-il, est le souffle vital qui crée le monde et tout ce qui vit en lui. L'être humain inclus, le plus parfait des êtres, selon les taoïstes. Nous devions préserver ce trésor, le nourrir, veiller à ne pas le disperser, à ne pas le gaspiller.

Il nous rappelait ce maître de chœur face à son pupitre : la partition devant lui, il levait sa baguette, la descendait, mais rien ne sonnait, bien sûr, car il n'y avait pas de chanteurs.

C'est ce qui se passait avec notre énergie interne. Nous pouvions avoir l'esprit lucide, le corps en pleine forme, mais le souffle vital interne, ce *chi* qui doit remplir nos os et nos muscles, était absent. Alors, point de tai-chi. À peine si c'était une gymnastique douce, bonne pour les malades et les pantouflards.

La pratique reprenait, voyant défiler d'abord les débutants, après les élèves avancés, pour culminer avec les disciples les plus anciens. Un silence dense entourait ces hommes et ces femmes profondément concentrés sur eux-mêmes, sur leur moi qui de l'intérieur guidait leurs déplacements, leur regard, leur vie.

L'ambiance se détendait pour revenir au thé et au gingembre, les derniers *baozi* entourés de conciliabules. Nous commentions notre pratique, la fatigue dans la chaleur humide de Shanghai, les conseils du maître sur la préservation de nos énergies…

« L'alchimie intérieure met le sexe au centre de sa pratique, comme elle le situe au centre du corps, dans la Cour (ou la maisonnette) Jaune, lieu de rencontre du Feu, élément du cœur (représenté par une jeune fille, *i.e.* : le yin naissant au sein du yang), et de l'Eau (le garçon, le yang qui naît dans l'extrême yin). Le sexe n'est plus concentré, voire confiné, dans les organes génitaux et n'est pas non plus une affaire de cœur ou de cerveau ; il se trouve uni au centre et, de ce centre, il rayonne et se répand à travers tout le corps. L'amour engage ainsi le corps dans sa totalité, confondant tous les organes, toutes les fonctions. On respire avec les talons (dit le Zhuangzi), on s'unit par toutes les facultés des sens : les yeux, les narines, les seins, les mains, dans une participation totale. Il est alors possible de dépasser l'orgasme, comme le savent déjà de nombreuses femmes, mais ce qui correspond moins bien au vécu masculin. Le rythme des pulsions lors des préliminaires devient comme un flot de musique qui traverse tout l'être[2]. »

Gu Meisheng s'est approché de moi et, me prenant par le bras, m'a éloigné du groupe. Il m'a dit que ma pratique était correcte, mais que je devais faire attention à mon *chi*. Il avait noté que mon regard était un peu éteint. Ce qui montrait une perte de vigueur. Il ne savait pas s'il s'agissait de mon travail en France – le journalisme est épuisant –, ou de l'enseignement du tai-chi aux débutants qui consomme beaucoup nos énergies internes, surtout le *shen*, ou bien si je n'arrivais pas à contrôler suffisamment mes organes des sens[3].

Il me disait que nos sens sont par nature insatiables. Plus on leur donne à manger, plus ils demandent de la nourriture. Si je voulais progresser dans le chemin vers ma source originelle, il valait mieux que je surveille mes sens.

Je me suis souvenu des paroles de Devananda, mon précepteur hindou : « Contrôler les sens apaise l'esprit ; contrôler l'esprit apaise les sens. »

En somme, je l'avais compris, j'étais trop attiré par le sexe faible. Le beau féminin, l'éternel. Je baissai la tête, un peu honteux, mais au fond je me disais qu'il prêchait dans le désert. J'aimais les femmes. Elles étaient un mystère qui m'attirait, me séduisait, me tourmentait tout à la fois.

J'aimais parler avec elles, écouter leurs opinions sur la vie, sur notre pratique, sur le genre humain. Elles savent mieux que nous qui est ce genre humain, leur maternité l'autorise. Elles ne sont point séduites comme nous par l'héroïsme qui nous pousse vers les aventures absurdes ou guide l'envie de pouvoir ; notre orgueil entraîne l'humanité entière dans des guerres épouvantables, tragiques, même ici, dans notre groupe, c'était nous, les hommes, qui nous disputions sur un détail technique, nous qui voulions acquérir des pouvoirs pour les appliquer martialement. La compétitivité que Gu Meisheng condamnait, nous la portions bien cachée dans nos esprits.

Combien de fois ai-je entendu dire que le premier combat de la vie est celui que mènent nos spermatozoïdes, qui n'hésitent pas à décapiter à coups de queue leurs adversaires afin de gagner la médaille d'or de l'ovule !

Quant à la sexualité, je connaissais à fond la question. Elle était liée au départ de ma chère mère lorsque j'avais neuf ans. L'abandon souffert sans que je ne puisse rien comprendre s'était emparé de ma pauvre chair. Dans chaque femme que je croyais aimer nichait l'impitoyable abandon. Comment me protéger donc, sinon en sautant d'une aventure à l'autre, imaginant que celle-ci serait la bonne, pour bientôt constater que mon propre combat avec mon ombre comme la roue inébranlable du *karma*[4] ne cessaient d'agir.

Je ne dis pas combat *contre* mon ombre, mais *avec* elle. Qui est en fait cette ombre ? Pourquoi devons-nous célébrer ce rituel avec elle ?

Cela découle de l'idée que rien en nous n'est condamnable. Aucune pensée, émotion, sentiment, désir ne mérite d'être stigmatisé. Nous sommes ainsi faits. C'est notre condition d'êtres humains. Personne ne naît parfait et je doute que quelqu'un d'entre nous le devienne un jour.

La perfection, pour moi, n'est qu'un leurre. Une illusion qui nous fait poursuivre follement ce que les maîtres appellent des « fleurs dans l'air ».

Elles n'ont pas de racines, ces fleurs illusoires. Elles volent comme des papillons, nous menant par des labyrinthes où nous perdons la tête.

Linji dit : « Soyez ordinaires. » Acceptons nos imperfections, nos erreurs, nos traîtrises, nos mesquineries, nos jalousies, nos couardises. Regardons avec des yeux lucides le défilé des pensées où se dévoilent nos cupidités ainsi que nos meilleures vertus. En elles brille la lumière comme brille également notre ombre. Il n'y a pas de clarté sans pénombre ; il n'y a pas d'obscurité sans un rayon de soleil.

C'est de cette ombre que je parle. Car dans cette terre de souffrance germent la tolérance, le respect envers nos semblables, le respect de nous-même.

23.

Face à face avec mon ami de bien

J'avais dit à Gu Meisheng que pendant les séances de chi-gong avec l'un ou l'une de mes élèves, toujours face à face, je sentais qu'il ou elle entrait dans mon corps. Et que ce faisant, je pouvais sentir dans mes propres organes les douleurs, les déficiences, dérèglements du *chi* qui les accablaient. Il me répondit que mon intention était louable, mais qu'étant donné que je ne suis pas thérapeute, je pourrais capter l'une des maladies de mes élèves et être profondément atteint par celle-ci. Ce qui porterait préjudice à mon avancement dans la pratique, dans la Voie, m'empêchant par la suite de continuer à les aider. Et il me promit de m'apprendre une méthode d'identification avec un être extérieur qui me serait bénéfique.

Sachant à quel point ses instructions en tête à tête étaient édifiantes, j'ai attendu pendant tout mon séjour à Shanghai, lors du printemps 1998, qu'il ait du temps pour m'instruire. Et c'est un samedi, lorsque mes camarades étaient partis vers les jardins publics pour voir les pratiquants chinois, qu'il m'a dit de m'asseoir sur une chaise.

— Imagine que face à toi, assis, comme toi en ce moment, se trouve ton partenaire idéal.

J'avais les yeux fermés et j'imaginais sans peine la présence de cet être qui était devenu pour moi non seulement mon partenaire idéal, mais mon maître interne, mon bienfaiteur au même titre que mon ami de bien.

– Tu l'as bien face à toi ? me demanda M. Gu.

– Oui.

– Bien. Imagine qu'il se déplace vers sa droite. Lentement, décrivant une courbe, pour peu à peu s'approcher de toi par ton côté gauche. Il avance, il frôle ton épaule… il entre peu à peu dans ton corps…

Je le savais pertinemment, car une secousse me faisait presque tomber de la chaise. Je n'avais jamais senti ma chair et mes os trembler de cette façon. Mes deux pieds tambourinaient par terre, ce qui me faisait honte : que penserait-il, mon maître, me voyant secoué comme une feuille ?

– À présent il est en toi entièrement, son corps est dans ton corps. Son énergie, sa sagesse, sont à l'œuvre pour que ta peau, la moelle de tes os, tous tes organes et surtout ton cerveau reçoivent de lui sa pureté d'intention, balayant de ton esprit toute pensée négative, apaisant ton système nerveux et rendant subtil ton *chi-shen*, afin de te préparer pour ton voyage de retour définitif vers ta Source originelle. Vers le vrai Moi que tu as toujours été.

De l'œil du tigre
la flamme cingle.
Des griffes du lion
la foudre frappe.
Au milieu du chemin
l'éclair dans la pupille
engage la pluie d'été.

Les années ont passé, notre maître n'est plus avec nous, je suis son enseignement au pied de la lettre. Mais une perception est venue s'ajouter à ma pratique.

Lors d'une séance d'initiation de l'un de mes compagnons de route, lorsque nous étions assis face à face, j'ai aperçu soudain qu'un rayon de lumière partait de mon *dantian* supérieur (au niveau de mon espace intersourcilier) pour aller vers le *dantian* supérieur de mon camarade. Le flux d'énergie qu'il véhiculait provenait de moi. Le degré de son intensité ainsi que son volume m'indiquaient le degré de la demande qui venait de mon élève.

J'ai soutenu suffisamment cette image et cette sensation, afin de m'assurer de ne pas être victime d'une hallucination. J'observais le visage de mon compagnon et je voyais clairement que ses traits se détendaient, et même qu'un sourire se dessinait sur ses lèvres. Au bout d'un moment, cette image a disparu.

Lors d'une autre rencontre, cette fois-ci avec une dame, le rayon de mon *dantian* supérieur allait vers son ventre, siège de son *chi* de base. Puis, une autre fois, c'était mon rayon qui partait de mon *dantian* inférieur pour aller dans celui du cœur de mon partenaire (*dantian* moyen).

Au fil des années, j'ai constaté que ces visualisations me montraient le type de rapport énergétique qui existait entre mes amis et moi. Parfois j'ai eu la satisfaction de voir que le rayon partait du *dantian* supérieur de mon élève pour venir « nourrir » le mien. Expérience qui m'a montré que la voie du *chi* est toujours inédite. C'est elle qui régule le degré d'émission et de réception du *chi* entre deux pratiquants[1].

Quant au *dantian* du cœur, il m'a réservé une surprise. Lorsque mon rayon allait vers le *dantian* du cœur de la personne en face de moi, un disque jaune, couleur de l'or brillant, se mettait à tourner devant sa poitrine, variant d'intensité et de vitesse selon les variations de mon émission d'énergie.

Ces expériences « à quatre yeux » enrichissent mon travail en groupe. Lors de nos rencontres de week-end ou d'une semaine, au fur et à mesure que le *chi* des participants s'harmonise, qu'un courant affectif nous relie, je peux percevoir comment mon rayon va vers chacun d'entre eux et de quel type est la réponse que je reçois de leur part. Quand je demande à chacun de montrer l'un des mouvements de l'enchaînement, la perception de nos liens énergétiques se fait plus évidente, ce qui me facilite le « diagnostic » que je fais de chacun.

À partir d'un moment de travail partagé, toutes les énergies des participants convergent pour engendrer ce que j'ose appeler le « Soi de *chi* », qui soutient et anime nos travaux. Les commentaires de fin de stage ne manquent pas de souligner l'importance de ce souffle vital qui module, non seulement notre dynamique, mais notre affect. Un courant de sympathie, de camaraderie se fait jour entre nous.

Jusqu'ici j'ai mis l'accent sur l'aspect énergétique et celui des sentiments, mais il est important de souligner le maniement des concepts qui vont répondre aux exigences de notre mental.

En Chine, les débutants suivent leurs instructeurs pendant deux ou trois ans sans poser la moindre question. « Leur corps apprend », entend-on dire. Et cela se fonde sur la conception taoïste qui considère tout le corps comme intelligent. Les os, les organes, les muscles, le sang, tous raisonnent. Donc, chaque geste, chaque déplacement, chaque respiration participe physiquement à la compréhension de cette merveilleuse discipline qu'est le tai-chi chuan. L'intelligence est diffuse, elle agit mieux sans le vacarme mental : je ne pense pas, je suis, j'assimile.

Voilà le commencement de la « Voie du *chi* », comme l'appellent les taoïstes. Chaque moine taoïste est un cultivateur du *chi*, un spécialiste en la matière. N'ont-ils pas conçu notre « art du combat à mains nues » en saisissant la stratégie de six animaux, afin de structurer leurs actions en accord avec notre organisme[2] ?

Rien dans les cent huit mouvements de cet « art du combat du Faîte suprême » ne porte atteinte au bon fonctionnement de notre système circulatoire, à notre cerveau et à son réseau nerveux, aux vertèbres, au contraire : toute notre santé physique et mentale se voit fortifiée par l'action du *chi* dans nos artères, notre peau, nos neurones, notre sang. Le raffinement progressif du *chi* augmente notre capacité mentale, clarifie notre pensée, nourrit la moelle de nos os, apaise et harmonise nos émotions, facilite notre digestion et nous offre un sommeil réparateur[3].

Tout cela conduit sagement par un vrai maître, digne de ce nom, fera que de notre océan du Souffle vital naisse un jour un être nouveau. Un enfançon qui prendra peu à peu notre ressemblance, mais celle-ci sera déjà transfigurée.

L'enfançon gît au fond de nous-mêmes :
visage parfait au cœur du roc.
Le sculpteur enlève l'excédent du grand rocher
et le visage
sans temps,
sans mémoire,
voit le jour.
Visage obscurci par nos grimaces quotidiennes,

L'art du combat avec son ombre

il attend que la fenêtre de la vie
lui ouvre la lumière du jour.
Ce visage, c'est toi, c'est moi,
c'est l'Être que nous avons été
et que nous avons sottement nié.
Moi, trafiquant de sentiments,
illusionniste de pensées,
brigand de sensations,
je le cache derrière ma convoitise,
dans les oubliettes de mon idiotie.
Pauvre de moi !
Pauvre de toi !
Oui, malheureux que nous sommes :
fortunés des aurores
titubant à tâtons
derrière une chandelle.

24.

Mon corps et moi

Si l'on est capable de se libérer de ses désirs, alors en regardant son esprit, on voit qu'il n'est plus sien ; quand on regarde son corps, il n'est plus sien davantage ; et quand on regarde les choses extérieures, elles n'ont rien à voir avec soi » (Zhuangzi).

Après cette réflexion de Zhuangzi, je me pose la question suivante : que faire de mon corps ? Oui, oui, ce corps que je suis et qui ne cesse de me regarder avec de grands yeux de raton laveur. Dois-je croire qu'il existe vraiment ? Devrais-je m'identifier à lui et lui dire :

– Tout ce qui t'arrive, cher compagnon en chair et en os, m'arrive à moi aussi. Quand tu as faim, c'est moi qui veux manger, quand tu veux faire l'amour, c'est moi qui aime, si tu veux te remplir les poches de pièces d'or, c'est aussi moi qui désire la richesse. Enfin, toi et moi, nous sommes le même. Alors, pourquoi toujours nous disputer ? Il suffirait que je mange quand tu as faim et que je dorme quand tu as sommeil, n'est-ce pas ? Que je monte sur le toit quand tu veux regarder la Grande Ourse, ou plonger dans la mer lorsque tu souhaites frôler les dauphins.

Mais non, les choses sont faites de telle façon que nous ne coïncidons que rarement dans nos goûts, nos désirs et nos pensées.

Prenons comme exemple le tai-chi. Pendant plus de vingt ans je me bats avec toi pour que tu apprennes à faire une série d'exercices. Et Dieu sait qu'au début tu ne voulais rien entendre. Que la lenteur ne te convenait pas, que ce n'était pas un art martial viril, que tous ces mouvements enchaînés étaient un casse-tête qui te donnait la migraine.

Il m'a fallu te tirer par les cheveux, t'envoyer des douches froides suivies d'eau brûlante, des coups de pied dans le derrière, pour qu'enfin tu commences à reconnaître que « Soulever le ciel avec les mains », où il faut t'accroupir et puis tirer avec tes mains toute ta carcasse vers le haut pour « soulever » le ciel, n'était pas un amusement de mauviette. De même que « l'envol de l'oiseau Peng » qui déploie ses ailes et se pose sur le mont Taishan[1]. « L'envol des canards », avec son nom si comique, mettait à rude épreuve tes genoux et tes chevilles, pour ne pas mentionner ta belle colonne vertébrale. « Le vol de l'aigle », tu le sais maintenant, malgré ses exigences physiques, est un vrai baume pour l'esprit qui peut s'envoler au-delà de l'infini, au-delà de la pensée qui conçoit cet infini, pour atteindre une sérénité dont tes yeux vont se remplir à chaque fois d'une merveilleuse clarté.

Comme tu sais que cette série de cent huit mouvements, qui vont à la queue leu leu, comme tu dis, n'est pas cette danse néfaste des mandarins qu'on a voulu interdire il n'y a pas si longtemps dans son pays d'origine, mais un rituel qui te relie avec le centre de notre planète, qui te plonge dans la spontanéité du cosmos.

Mais sans crier gare, un beau jour tu as changé de cap, mon ami. Quand c'était moi qui disais : « Ah ! je suis fatigué », tu me traitais de déplorable fainéant ; lorsque je manquais d'énergie, tu me disais que le *chi* était ton souffle vital et que je n'avais pas à mettre mon nez là-dedans. Jusqu'à ce dimanche-là, je me rappelle très bien, c'était au Fuxing Park de Shanghai, tu t'es mis à exécuter notre chère « danse des cercles » tout seul. Tu te fichais éperdument de moi, ton ancien patron.

Et je te laissais faire, te regardant de l'intérieur, sachant que tôt ou tard tu allais me demander de l'aide. Malheur à moi, tu t'es débrouillé tout seul ! D'un bout à l'autre, tu as gardé un rythme soutenu, tous tes mouvements étaient remplis d'une lourdeur en suspension, pas un moment ton regard ne s'est distrait pour atteindre son but à chaque restitution des énergies.

On voyait clairement que ton *yao* t'entraînait tout entier, en parfait accord avec ton *yi*, au point qu'on ne pouvait pas introduire le moindre interstice entre eux ; tu respirais fluidement, posément, sans vouloir à aucun moment imposer le rythme de tes poumons à tes énergies. Au contraire, l'air qui descendait jusqu'à tes talons pour ensuite expirer se moulait aux déplacements de tes pieds – devenus de vraies pattes de félin ; tes mains, enveloppées d'un nuage de *chi*, devenaient des flambeaux se jouant du vent.

On voyait clairement ton axe naître dans les talons, pour s'ériger à chaque fois jusqu'au sommet de ta tête, ouvrant la porte céleste, consacrant la culmination du yang, pour ensuite descendre, faisant de subtils virages telle une joyeuse rivière, jusqu'à atteindre le périnée.

Les transitions qui brodent chaque fin d'un mouvement au suivant étaient tellement intériorisées qu'il me fallut, à moi qui t'avais appris tout cela, faire attention pour ne pas croire que tu les négligeais ou les gommais.

163

Parfois je m'amusais à sortir de toi et à assumer la position de ton partenaire idéal, alors je sentais ton *yi* se poser sur moi, entre mes deux sourcils, et puis, tout de suite, le flux de *shen* qui m'atteignait en plein cœur.

Et mon tour venait de te répondre dans un même élan d'affection et alors... alors, mon ami, je n'étais plus là, et toi non plus. Nous venions d'être absorbés, anéantis, dirais-je, dans cet intervalle où nos deux personnes, nos deux vouloirs se diluaient dans une joie si sereine qui rendrait jalouse la plus neigeuse de nos montagnes, la plus radieuse de nos prairies, le plus énigmatique de nos cieux.

Arrivé à la fin, tu as attendu patiemment, respectueusement, que ton *chi* descende jusqu'à son *dantian* inférieur, où il demeure, tu as salué la terre et les arbres qui t'accueillaient, et puis tu t'es incliné profondément devant ton maître.

Après un respectueux silence, je t'ai félicité, mon cher compagnon de route. Nous nous sommes promenés dans le parc en contemplant la fin du jour qui glissait entre les arbres, voyant les grappes de gens gagner la sortie au milieu de mille commentaires et des rires d'enfants.

Une fois dehors, j'ai décidé de t'offrir un repas digne de tes mérites. J'étais tellement fier de toi que j'aurais pu t'offrir la Terre entière.

La table fut servie, ronde, tournoyant lentement devant nous, je dévorais déjà avec mes yeux ces mets délicats, lorsque tu as décidé de ne rien manger. Comment ? Eh oui, tu m'as dit simplement : « Je n'ai pas faim. » Mais dis donc, toi, le corps, je fais ce sacrifice pour toi, ça coûte cher cette histoire. Et la foudre est tombée : « On va tout manger, tout, un point c'est tout ! » Et je t'ai vu mâcher les rouleaux de printemps, le riz, le poulet aux bambous, les lychees au sirop, boire la soupe cuillerée après cuillerée, tu as tout englouti dans un silence de plomb.

Moi, j'étais satisfait et j'ai payé la note avec orgueil. Mais en rentrant au conservatoire, tu n'as pas voulu digérer. Une grève sauvage ! L'esclave qui se révolte ? Notre crise de foie a duré trois jours.

Le paon regarde le ciel
Le ciel dans les yeux du paon
Fin d'une journée de labeur pour le pousse-pousse.

25.

Une flamme d'oubli

J'écris,
le soir tombe
et la salle de tai-chi accueille,
silencieuse,
les iridescenses du crépuscule.
Je me vois écrire dans la vitre de la fenêtre qui donne sur
*   le jardin où*
nagent dans le petit étang les carpes profondes.
Mon image évanescente me rappelle le visage de mon père.
Visage éteint à jamais.
Je pense à l'enfant de Béatrice
né avant-hier.
Il ne se souviendra pas de mon visage lorsqu'il franchira
*   l'adolescence.*
Succession d'oublis, d'extinctions ;
succession de naissances, de commencements.
Ce soir ici, je lis un texte que je viens d'écrire évoquant
le départ de mon maître.
Il n'est plus là,
sa voix, son agilité, la précision de ses concepts,
l'inépuisable volonté de nous instruire,
tout s'est enfui dans la gueule du temps.

L'art du combat avec son ombre

Ces lignes, naissant en ce moment de ma plume,
un feu sans flammes,
une flamme d'oubli,
les couvrira.
La nuit,
dont le calme me rassure,
vieillira dans quelques heures ;
le jour se verra à son tour englouti par les ténèbres.
Mon visage renaît sur la vitre quand je le regarde.
Il n'est plus le même,
trois cents secondes se sont écoulées depuis sa dernière
    incarnation.
Peut-être un trait de fatigue supplémentaire, ou le sommeil
    qui le réclame.
Le cycle de vingt ans vécus dans la recherche
d'une cohérence appelée tai-chi
veut, de temps en temps,
être actualisé.
Il le faut.
Je l'accepte.
Mais chaque image de ce temps jadis,
chaque parole ou dialogue ou protestation,
revendication ou algarade,
existe seulement ici,
dans cette salle de tai-chi,
ravivé par des pensées stériles car nourri de vapeurs en fuite.
Ce qui fut vécu ne sera plus.
La terre tourne.
Elle aussi oublie.

26.

Deux vouloirs, un seul dessein

Chaque mouvement de tai-chi est constitué de deux phases : accumulation du *chi* du ciel et de la terre ; restitution du *chi* au ciel et à la terre

Comme le tai-chi est un art martial, chacun des mouvements est destiné à nous défendre d'une attaque éventuelle, à l'arrêter ou à le contrecarrer, et puis à contre-attaquer. Cela implique des déplacements du partenaire, ou bien l'existence de plusieurs partenaires se succédant les uns les autres, affrontant le pratiquant par divers endroits.

Ce partenaire peut être une personne en chair et en os, ou bien, en son absence, un point situé sur un objet concret (le mur, un arbre, un rocher). À chaque restitution du *chi*, le partenaire orientera son action vers ce point, qui devient ainsi sa cible.

Cette procédure permet de bien saisir la structure de chaque mouvement, ainsi que son caractère unique, à chaque fois.

En tai-chi, tout au moins dans notre école, rappelons que n'existent pas les notions d'adversaire, d'ennemi ou d'attaquant. Il s'agit toujours d'une recherche de complémentarité entre le pratiquant et son partenaire. C'est d'ici que provient le qualificatif d'« idéal ». Car il est là pour nous soutenir dans notre quête de l'essentiel en nous-mêmes. Pas pour nous vaincre, nous nuire ou nous blesser.

Ce partenaire, soit personnifié, soit matérialisé dans un but, dépend de notre attitude envers lui. Ou bien nous le rabaissons en le considérant inférieur à nous, incapable de répondre à nos « attaques », trop lent, trop distrait, ou carrément fainéant ; ou bien nous le respectons, ayant de l'estime pour son partenariat, reconnaissant ses qualités, tant physiques que mentales, voyant qu'il déploie au maximum ses capacités afin de nous obliger à agir envers lui avec sérénité et efficacité.

En fait, le partenaire idéal est un miroir dans lequel se reflètent nos intentions, nos sentiments, nos énergies. Et ce sont justement celles-ci, nos énergies internes, appelées en chinois *chi*, qui vont créer le lien entre nous et lui.

À chaque restitution du *chi*, nous projetons notre énergie vers ce compagnon de route et, comme lui n'est qu'un reflet de nous-mêmes, sa réponse sera aussi énergétique ; son *chi* à lui viendra à la rencontre du nôtre. De cette façon, chaque aboutissement de mouvement donnera lieu à une conjonction complémentaire de *chi* à *chi*.

Comme, généralement, notre projection du *chi* est colorée par une émotion, un sentiment, notre partenaire se verra sollicité pour répondre avec les mêmes émotions et les mêmes sentiments qu'il reçoit. Plus notre sentiment envers lui se purifiera, s'élèvera, plus il se verra reconnu et magnifié.

À cette dialectique participe l'intention (en chinois le *yi*), qui englobe la totalité de notre action :
   – perception juste de l'emplacement du partenaire,
   – vision exacte de sa position,
   – captation de l'instant de son action (attaque),

– conscientisation de nos sentiments envers lui,

– sensation du *chi* que nous projetons et rencontre avec le sien ; réaction que cette rencontre produit.

Cette somme d'éléments mis en branle par notre relation avec lui nous montrera que son caractère, sa sensibilité, sa rapidité, sa dignité dépendent de notre propre élévation éthique, de notre dépouillement intérieur, de notre effacement égotique. Il s'agit, en effet, d'une élévation réciproque qui s'accomplit à chaque fin de mouvement, soit cent huit fois par enchaînement.

En d'autres termes, notre partenaire et nous-même, nous grandissons ensemble. Car au fur et à mesure qu'il déploie ses aptitudes, nourri comme il est de notre *chi*, il exigera de nous la même évolution. Jusqu'au moment où les deux intentions (*yi*) deviendront un seul et unique dessein : celui de nous édifier ensemble, de nous entraider dans ce chemin de retour vers notre Source originelle. Les notions de « moi » et de « partenaire » disparaîtront au profit d'une plongée dans le *chi* de tous les univers, où aucune individualité ne subsiste.

La corneille entre mes mains
s'envole vers ton regard.
Un diadème revient vers ma pupille
alors que le mistral enlève nos Souffles vers la nuit.
Compagnon, la route est longue,
mesure mes pas aux tiens.
L'aurore enfante l'astre unique :
deux élans,
deux vouloirs,
un seul dessein.

27.

La rivière intérieure

Lors d'une retraite au monastère de Shechen, à Bodhnat (Népal), j'ai reçu une initiation que Rabjam Rinpotché a eu la gentillesse de me donner. Elle m'a aidé à découvrir mon axe médian. Elle eut lieu dans une salle de méditation. Rinpotché était assis dans un fauteuil, alors que le moine Matthieu Ricard et moi étions sur les tapis. Après quelques moments de silence, Rinpotché a ouvert un cahier et a commencé à nous lire un texte en tibétain que Matthieu traduisait.

« Que dire de ce que l'on désigne par le terme de "pensées" ? Examinons l'expérience mentale, la pensée que vous avez à l'instant en m'écoutant attentivement, alors que je suis en train d'enseigner le Dharma : a-t-elle une forme ou une couleur ? Où la trouve-t-on, dans la partie supérieure ou inférieure du corps, dans les yeux, les oreilles ? Ce qu'on appelle « esprit » n'est en réalité pas là. S'il était véritablement quelque chose, il devrait avoir certaines caractéristiques : une couleur (blanc, jaune…), une forme (celle d'un vase, d'un pilier…), etc. Il devrait être grand ou petit, vieux ou jeune… Vous pouvez découvrir si l'esprit est une entité existante ou non simplement en vous tournant vers l'intérieur et en réfléchissant soigneusement. Vous verrez que l'esprit n'a pas de commencement, n'a pas de fin, et qu'il ne réside nulle part ; qu'il n'a ni couleur ni forme ; qu'il ne peut être trouvé ni à l'intérieur ni à l'extérieur du corps. Et lorsque vous voyez qu'il n'existe pas comme une chose, demeurez dans cette expérience sans tenter de la définir ou la nommer. Toutes les souffrances proviennent du fait que l'on ne reconnaît pas l'ennemi : l'attachement à l'ego[1]. »

Cette lecture réveille une mémoire très ancienne qui résonne dans ma poitrine comme une pulsation qui s'harmonise avec les battements de mon cœur. Lorsque la version française arrive, une autre partie de mon être se met à vibrer, appelant ma raison, mettant en branle cet homme que je suis et qui veut comprendre. Mais la cadence tibétaine revient et mon intellect abandonne son anxiété pour y plonger dans un flot d'eaux profondes.

Dehors, quelqu'un fait rouler les moulins à prière autour du temple. Rabjam Rinpotché reprend la lecture.

« C'est à cause de notre fixation sur ce "moi" que nous pensons : "Je suis si malheureux, je n'ai rien à manger, je n'ai pas de vêtements, tant de personnes m'en veulent et je n'ai aucun ami." Et ces pensées nous tiennent constamment occupés, ô combien en pure perte ! Voilà pourquoi nous ne marchons pas vers la libération et l'état de Bouddha. Au cours de toutes nos vies successives, depuis des temps sans commencement jusqu'à aujourd'hui, nous avons pris naissance dans l'un ou l'autre des six mondes. Combien avons-nous dû peiner dans les trois sphères du samsara, réduits en esclavage par notre attachement à l'ego[2] ? »

174

Une pause s'ensuit. De nouveaux pas se font entendre et le son des moulins s'intensifie. Dans la salle, ce qu'on appelle le « silence du tonnerre » semble s'être emparé de Rabjam Rinpotché. Ses yeux mi-clos accentuent sa concentration. Les pas s'éloignent et les moulins éteignent leurs clochettes.

Rinpotché déploie un parchemin et commence à psalmodier. Sa voix a la profondeur et l'intensité des chants sacrés. De temps en temps, il fait des pauses, pendant lesquelles Matthieu Ricard me traduit.

Comme une abeille recherche le nectar
De toutes sortes de fleurs,
Recherche partout les enseignements...

Une bougie projette l'ombre de Rinpotché sur le mur. Elle se balance au rythme de sa voix.

...Comme un cerf qui trouve
Un endroit calme pour brouter,
Recherche la solitude pour digérer
Tout ce que tu as amassé...

J'ai les yeux mi-clos et peux percevoir la réalité concrète de cet instant, tout en demeurant dans l'inconnu de moi-même.

...Comme un fou,
Sans limites,
Va où il te plaît
Et vis comme un lion,
Libre de toute peur[3].

De loin nous arrivent les échos des chants de la nuit :

Au ciel, il faut un soleil,
à la mère, il faut un enfant,
à l'oiseau, il faut deux ailes…
Maintenant médite la compassion, jour et nuit,
pendant le même nombre d'années que tu as passées à
*   contempler*
la vacuité.
Développe une compassion cent fois plus forte
que celle d'une mère pour son enfant brûlé vif,
une compassion d'une intensité presque insoutenable
qui jaillit à la pensée de la souffrance des mortels[4].

L'écho des paroles s'éteint, je sens la rivière intérieure couler dans mon corps. Dans sa course, elle engendre des bras d'eaux cristallines qui viennent jusqu'au bout de mes doigts, de mes pieds, qui déposent une pluie fine sur ma tête, pour descendre comme des myriades d'étoiles le long de ma poitrine.

À présent, cette rivière coule sans discontinuer dans ma vie de tous les jours. Elle symbolise le flux permanent de l'enseignement tibétain ainsi que celui des taoïstes. Concordance entre le tantrisme et l'alchimie taoïste ? Pourquoi pas ? Voyons ce que j'ai vécu un automne, vers la fin de mon séjour à Shanghai.

Maître Gu me donne rendez-vous au centre de tai-chi. Nous nous installons dans l'une des chambres du fond, afin d'éviter les coups de klaxon qui viennent de la rue (malgré les panneaux qui les interdisent sévèrement). Les grandes fenêtres donnent sur le jardin intérieur.

Mon maître s'assoit, je le salue et m'assois face à lui. Il répond à mon salut et me dit de me concentrer et d'accumuler la salive dans ma bouche. Ce que je fais en fermant les yeux pour mieux rassembler mon esprit. Après quelques minutes, je l'entends me dire :

– Cette salive prend une couleur orange… maintenant elle est rouge… de plus en plus rouge…

Je l'imagine ainsi et je vois qu'en effet ma salive prend cette couleur.

– Elle est de plus en plus rouge et brillante, ajoute M. Gu.

Je constate cette évolution.

– À présent, Gregorio, tu avales cette salive rouge brillante.

Je l'avale lentement et j'ai la sensation qu'une flèche incandescente traverse ma langue, ma gorge, ma poitrine, pour, finalement, atteindre mon ventre. Mon corps se secoue tout entier, mes mains brûlent, la transpiration alourdit mes paupières.

– Tout ce que tu ressens en ce moment, Gregorio, est normal. Ne t'inquiète pas.

Heureusement qu'il me dit cela, car je crains de me dissoudre dans un volcan.

– À présent, le sphincter de l'anus se resserre et se soulève légèrement. Tu te concentres dans ton *dantian* inférieur. Dans ce champ de cinabre où s'enflamme l'océan du Souffle.

Je le fais et cette masse d'eau, déjà devenue bouillonnante avec l'arrivée de la salive, se met à tourner sur elle-même, engendrant des courants en son intérieur, tels des Gulf Stream vertigineux. Puis, peu à peu, les eaux se calment pour devenir un lac dont les eaux baignent dans la lumière. Une vague se lève et une colonne d'eau blanche comme le lait, semblable à une tige de bambou, se met à tourner, posément, au fur et à mesure qu'elle monte par le centre de mon corps jusqu'à atteindre le sommet de ma tête. Et c'est la grande accalmie. Une vaste et profonde sensation de paix, de bonheur remplit mon être tout entier. Seule la voix sereine et ferme de mon professeur réussit à me faire sortir de ce bien-être pour me dire :

– Cherche le vide dans ton esprit. Qu'aucune pensée et qu'aucune image ne subsiste dans ton mental.

Je le fais, un peu à contrecœur, car la sensation est bien plaisante.

– Maintenant, Gregorio, accumule une fois de plus la salive dans ta bouche… Elle devient orange… rouge… rouge brillant… Garde-la, soigneusement, et va vers ton *dantian* inférieur où tu retrouves le lac aux eaux paisibles nimbées de soleil. Vois se dresser la colonne d'eau, blanche comme le lait, semblable à la tige d'un bambou. Elle est prête à entamer sa montée. Vois maintenant comme la salive incandescente tourne dans ta bouche prête à descendre. L'une et l'autre, en ce moment, avancent par le milieu de ton corps : la salive rouge qui descend ; l'eau blanche comme le lait qui monte. Elles se rapprochent, le rouge et le blanc prêts à se fondre l'un dans l'autre… Ce qui a lieu en ce moment même…. La salive et le lait fusionnent, remplissant l'espace qu'il y a entre le point *huiyin* dans le périnée, et le point *baihui* dans le sinciput.

« De cet alliage, en se consolidant, prend naissance le canal médian, qui structure et consolide le *zhongmai*[5]. Ce pilier indestructible relie, en toi-même, le ciel et la terre. Il unit le ciel postérieur avec le ciel antérieur. »

Je sens mon dos redressé comme un arbre. J'ai la sensation de n'être que cette colonne souple et à la fois inébranlable qui brille comme une hampe de lumière. Mes yeux se remplissent de larmes. De joie. De sentir que je me sens en accord avec moi-même. Que le haut et le bas du monde se sont, enfin, conciliés.

– Tu mourras un jour, Gregorio, me dit la voix de mon maître, mais ton axe central, ton *zhongmai*, jamais ne mourra.

Naître
Ne pas mourir
L'abricotier donne des fruits une année sur deux
La mouche survole la truffe qui nourrira ses larves
La source monte lorsque la pluie tombe en été.

Après de longues années de pratique, ce jeune bambou, ce *zhongmai* souple et ferme, s'affinera pour devenir un jour une ligne, semblable à une branche de saule pleureur. Lorsque vous prenez le bout d'une branche de saule et que vous la tirez vers le bas, en la relâchant elle rebondit jusqu'à retrouver, après quelques vibrations, sa position originelle.

Eh bien j'ai senti que ma branche, en plus de permettre la montée et la descente du *chi*, devenait l'axe central qui engendrait tous les mouvements enchaînés. Si cet axe tournait, soit à droite, soit à gauche, tout le corps le suivait, ainsi que les bras et les jambes. Créant ainsi la division entre le yin et le yang.

Des années plus tard, j'ai remarqué que la ligne devenait si fine qu'elle disparaissait parfois. Jusqu'au jour où elle a disparu complètement.

Alors je me suis inquiété : s'agissait-il de l'effritement du canal médian, la perte de ce lien créateur qui reliait tout mon corps autour de lui ? Bien sûr, je me suis empressé de consulter M. Gu, qui m'a dit :

– Tout au contraire, cher Gregorio, c'est lorsque la ligne devient complètement vide que ce vide devient agissant. C'est le *dao*, qui agit sans agir. C'est la spontanéité cosmique, dont le canal médian est un reflet.

Une fois de plus, je me sentais rassuré. Mais après cette expérience, plusieurs mois se sont passés sans que je ressente ni la présence de ce canal ni son action. Comme si, effectivement, il s'était effondré. Cette fois, je n'ai pas voulu déranger mon maître et je me suis résigné à ce que je considérais comme une perte grave. Je continuais ma pratique et l'enseignement, sans jamais mentionner ce canal médian (méridien vital) par peur d'être mis à découvert par mes camarades. Fidèle à mon habitude, je ne parle ou n'enseigne pas quelque chose que ne je ne considère pas comme acquis. Et à l'époque, le vide du canal central n'appartenait nullement à mon bagage.

Ainsi vont s'écouler plusieurs années, que je dédie au dragage des deux méridiens principaux, celui du dos (*dumai*) et celui de la poitrine (*renmai*). Je pratique sans relâche la petite révolution sidérale. Je m'assois avec le dos bien droit, les mains appuyées sur les genoux, les pieds bien posés par terre, et j'observe la respiration. Au début, sans la modifier. Puis, en comptant les respirations de un à dix, de dix à un, avant de recommencer. Par la suite, j'observe seulement l'expiration jusqu'à son extinction complète. Après, une fois l'expiration finie, je vois qu'une autre expiration, plus subtile, sans air, « continue ». Alors, ô surprise : à la fin de cette expiration subtile un intervalle se produit, qui s'accompagne d'un arrêt de la pensée. Qui dit absence de pensée doit dire présence de l'observateur de cette absence. En d'autres mots : qui est celui qui sait qu'il n'y a pas de pensée ? L'observateur, bien sûr. Je me dis

180

alors : « Il y a en moi, à l'intérieur de moi-même, un témoin des processus mentaux. Oh ! assez de créer des personnages imaginaires : l'observateur, c'est moi. Point. » La phrase de Gu Meisheng vient à ma rescousse : « C'est lorsque je ne pense pas que je sais qui je suis. »

Heureux d'avoir constaté cela, je me dis que grâce à mon imagination créatrice, je peux voir devant moi, qui ? moi-même. Gregorio en personne, assis face à moi, et dialoguer avec lui. À peine acceptée la proposition, il y a Gregorio qui me contemple avec scepticisme. Ah ! ça commence bien. Mais à regarder de près, je vois qu'il n'est pas exactement le Gregorio de tous les jours, mais un Gregorio plus calme, plus compréhensif, plus affectueux, un vieil ami, disons. Alors, rassuré, je lui dis :

– *Ni hao ma ?*

Mais il explose, il rit aux éclats, se frappant les genoux à deux mains. Bien sûr, je viens de lui demander : « Comment vas-tu ? »… en chinois !

Profitant de cette entente cordiale avec mon double, je lui demande de me montrer…

– Quoi ? ! tu veux encore des informations ?

– Non, je veux voir ton *zhongmai*.

Son image s'obscurcit lentement pour laisser apparaître une tige qui traverse son corps du périnée jusqu'à la tête. Immédiatement mon dos se redresse. La tige se cambre de haut en bas comme secouée par le vent. Sa couleur change au fur et à mesure qu'elle s'affine. On dirait qu'elle est devenue une liane, les secousses diminuent, apaisant en même temps les tremblements de mon corps. La liane ondule doucement, mais reste très ferme, puissante même. Je constate que mon corps est inondé de sueur, mes paupières sont lourdes de larmes. La ligne devient tellement fine qu'elle finit par disparaître. Je m'adosse à ma chaise, épuisé. Mon partenaire idéal commence à se déplacer vers sa droite ; il avance en faisant un demi-cercle au fur et à mesure qu'il s'approche de moi. Je le sens à mon côté, il me touche. Un tremblement terrible m'ébranle des pieds à la tête. Il entre en moi. Mon canal central s'éveille. Moi, je suis en lui, lui est en moi. Du périnée jusqu'au sommet de ma tête, une énergie monte en spirale, alors que s'ouvrent les portes du ciel. Un sentiment de plénitude m'envahit. Tout est comme suspendu. En dehors de tout espace, de toute temporalité.

« Tout ce qui nous entoure et nous constitue est essentiellement le fruit d'une même composante fondamentale : le *chi*. Ainsi, toute matière provient d'une condensation du *chi*, même si le *chi* lui-même demeure invisible. On peut dire que le *chi* correspond à tout ce qui est perceptible mais intangible[6]. »

Je bois une bonne tasse de thé du dragon et je pars vers le chêne des Trois Cyprès avec la théière. J'entame l'enchaînement des mouvements, en essayant de retrouver dans la dynamique cette même plénitude. Chaque mouvement se compose d'une absorption du *chi* du ciel et de la terre, ainsi que d'une restitution de ce même *chi* au ciel et à la terre. Alors si j'arrive à capter, à la fin de chaque restitution, la continuité subtile de celle-ci, elle doit aboutir à un intervalle dit « de plénitude ». Mais mes multiples tentatives échouent. Je suis tellement préoccupé par l'attente de l'intervalle que la seule chose que j'obtiens c'est une grande fatigue.

Quelques semaines plus tard, un dimanche vers six heures du matin, alors que je pratique tranquillement à côté de l'Ancêtre[7], je me surprends à être témoin de ce moment de suspension tant recherché. Je fais un bond en arrière tellement je suis étonné. Comme si mon Moi profond m'avait attendu au tournant pour bien me montrer que l'obstination ne conduisait nulle part, et que la fameuse prémisse de Laozi était une réalité : « Le *dao* n'agit pas, mais tout se fait par lui. »

Très content de ma découverte, je veux ressentir tout de suite l'intervalle, accompagné de ma présence intérieure. Mais mon Moi, malgré la constatation de l'intervalle et son moment sublime de suspension, ne se manifeste nullement. Ah ! la Voie, comme elle est rusée, tel un chat qui se laisse caresser pour, soudain, vous enfoncer ses griffes.

Alors les paroles de mon maître ont accouru à mon mental : « Il faut te défaire des choses inutiles. » Bien sûr, car le tai-chi ne s'apprend pas. L'essence du tai-chi se trouve en nous-mêmes, avant notre naissance. Dans ce ciel antérieur dont parlent les taoïstes. La monade, principe absolu, Unité parfaite, l'Un non divisé. Qui le cache alors ? Mon attachement aux objets, aux sensations, aux émotions. J'ai voulu m'approprier le vide de mon esprit, jouir de lui, l'utiliser pour faire de ma pratique quelque chose de grandiose, et voilà, ce *zhongmai* ne tolère aucun propriétaire.

Il y a sur terre
un mont appelé Aconcagua.
Son faîte soutient le ciel,
Ses racines embrassent le monde.

La montagne appelée Aconcagua, dans les Andes, s'élève à sept mille mètres. Elle symbolise l'homme, l'être le plus évolué sur terre, selon les taoïstes. L'homme considéré comme l'intermédiaire entre le ciel et la terre.

Du sommet
un aigle aux ailes d'air et de feu
souffle sur les narines des vivants et
franchit la passe obscure de leur colonne escarpée.

Le Souffle yang du ciel, vu comme un aigle, souffle l'air et le feu dans l'esprit des hommes et entre dans le méridien central formé par deux serpents entrelacés (« colonne escarpée »).

Dans l'océan d'énergies en attente
l'aigle brûle ses ailes en plongeant,
soulevant ainsi la mer de flammes.

L'aigle plonge dans le *dantian* inférieur, océan du *chi*, et soulève cette masse d'énergie devenue une mer incandescente.

Renaissant de ce brasier,
le phénix,
mué en deux serpents entrelacés,
gravit le grand pilier de l'homme.

Dans cette fournaise, tel un athanor, l'aigle renaît, métamorphosé en deux reptiles qui montent et s'entrecroisent par le canal central.

Atteignant la mer céleste,
derrière les deux soleils
il s'immole.
Son Souffle
apaise les fièvres de l'univers.

La rivière intérieure

Les deux reptiles arrivent au *dantian* supérieur, qui se trouve derrière les yeux (« deux soleils »), à l'intérieur de l'espace intersourcilier. Là-dedans ils se sacrifient en se jetant dans les flammes du *chi-shen* (Souffle spirituel). La puissante énergie qui s'en dégage illumine l'univers.

Il y a sur terre
Un mont appelé Aconcagua.
Son faîte soutient le ciel
Ses racines embrassent le monde.
Du sommet
un aigle aux ailes d'air et de feu
souffle sur les narines des vivants et
franchit la passe obscure de leur colonne escarpée.
Dans l'océan d'énergies en attente
l'aigle brûle ses ailes en plongeant,
soulevant ainsi la mer de flammes.
Renaissant de ce brasier,
le Phénix,
mué en deux serpents entrelacés,
gravit le grand pilier de l'homme.
Atteignant la mer céleste,
derrière les deux soleils il s'immole.
Son Souffle
apaise les fièvres de l'univers.

28.

Le vide central

« Qui perfectionne sa nature fait retour à sa vertu originelle. Qui atteint à sa vertu primitive s'identifie avec l'origine de l'univers et par elle avec le vide. Le vide est grandeur. Il est pareil à l'oiseau qui chante spontanément et s'identifie avec l'univers » (Zhuangzi).

La première fois que j'ai expérimenté le vide central, je me trouvais aux Trois Cyprès, dans la longue avenue des chênes, face au champ de lavande. Je faisais mon troisième enchaînement, concentré principalement sur le regard.

Le regard du tai-chi diffère de celui de notre vie quotidienne en ce qu'il « voit » tout ce qui se trouve sur son passage. Comme une caméra de cinéma qui fait un panoramique. Alors que d'habitude notre regard « saute » d'un objet à l'autre, sans voir ce qu'il y a entre les deux, le regard du tai-chi voit tout, recevant ainsi une grande quantité d'informations, car chaque objet perçu est enregistré par le cerveau.

Cette information multiple finit par saturer le mental, étant donné que celui-ci ne capte les objets que par succession, les uns après les autres. Jamais deux objets en même temps. Alors, comme il est débordé, la pensée mécanique s'arrête et il peut enfin « écouter » le *chi*. Autrement dit, le pratiquant se libère du mental et ouvre les portes à une perception intérieure, plus riche, plus vaste : celle du « témoin » de ses actions, de son acte.

Et qui est ce témoin ? Lui-même. Mais un lui-même qui voit comment le vide de l'esprit fait tomber, les unes après les autres, les barrières qui l'emprisonnent. Et il se sent libre. Liberté qui permet qu'une autre faculté opère : le *yi*. On le traduit généralement par « intention » ou par « orientation directe venue du vrai Moi », etc.

Ce qui importe, c'est que ce *yi* ne dépend ni du temps ni de l'espace. Il est immédiat dans ses déplacements et possède la faculté d'ubiquité. Pour moi, il représente la plus belle sensation de liberté expérimentée dans cette vie. Je dirais que les portes mystérieuses du ciel et de la terre s'ouvrent à nos six sens. Car le *yi* donne naissance à l'impersonnel en nous. Il y a perception, mais il n'y a personne pour percevoir. Tout se passe comme si nous voguions « près des débuts des phénomènes », comme dit Zhuangzi. Tout est concordant.

Notre conscience de veille est là, nos yeux sont ouverts. Je sais que je suis là, à l'ombre des chênes, que le mistral souffle doucement. J'entends les cigales, je vois le *yao* se dresser comme un jeune bambou soutenant et mobilisant mon corps ; enfin, rien de sensoriel, de sensuel, ne fait obstacle à cette autre dimension qui n'est pas une, dans laquelle j'évolue.

En même temps, je saisis ce qu'on appelle « avoir le *yi* dans le *yao* ». Une étroite entente a lieu. Le *yi* éliminant toute limite physico-spatiale résonne, pour ainsi dire, simultanément avec la réalité physique et le vide du *yao*. Notre corps et notre esprit évoluent alors dans ce que les taoïstes appellent la « spontanéité cosmique », qui crée et soutient l'univers de façon impersonnelle.

« M. Yue Tan disait souvent : "On met le *yi* dans le *yao*." Au début je n'y comprenais vraiment rien. Que signifiait : "On met le *yi* dans le *yao*" ? Mais à ce moment-là, je n'avais pas encore traversé toutes les étapes précédentes. Je ne comprenais pas ce qu'était un *yao* devenu une force, une énergie. Je ne comprenais pas non plus comment on pouvait mettre son *yi* dans le *yao*. Maintenant, j'emprunte une autre formule, peut-être meilleure : le *yao* se confond avec le *yi* et devient lui-même le *yi*, l'intention. À ce moment-là, il est difficile de séparer le *yi* et le *yao*. À ce stade, le *yi* rentre nécessairement en jeu, en action et commande, par l'intermédiaire du *chi*, le corps tout entier » (Gu Meisheng).

Tout cela est magnifique, ce sont des expériences qui nous gratifient après tant d'efforts. Mais la chose ne finit pas là. L'expérience de l'immensité en nous-mêmes doit persister, demeurer dans la pratique du tai-chi avec les autres et même dans notre vie quotidienne. Une nouvelle exigence vient alors nous solliciter : veiller sur notre vrai Moi. Les brumes matinales se sont dissipées et nous avons aperçu le sommet de la montagne. Bravo ! Maintenant il faut la gravir, il nous faut escalader. Nous avons aperçu l'autre rive du fleuve, à présent il faut nager durement pour le traverser.

« Dès que vous mettez le *yao* en mouvement, le *yi* se met obligatoirement en mouvement avec tout le corps. Ce dernier est soumis à l'ordre du *yi* et du *yao*. Dès que le *yi* commence à opérer, le *yao* opère automatiquement puisqu'il se confond avec le *yi*. Il n'y a alors plus de distinction à faire, on connaît une très grande liberté. Lorsque le *yao* est lui-même l'intention et se confond avec elle, il est alors dépourvu de substance et de forme. Cela va de soi, n'est-ce pas ? Et c'est alors seulement qu'il est capable de commander le *chi* et le corps avec aisance. Voilà la liberté dont on jouit dans la pratique » (Gu Meisheng).

« Veille ! » Cette parole résonne fortement. Savoir que l'essentiel de nous-mêmes ne commence ni ne finit n'est qu'une étape. Maintenant il faut vivre en adéquation avec cet intemporel que nous sommes. Gu Meisheng nous disait : « Ah ! Je peux dire : "Je suis vide." Ça c'est facile. Il faut démontrer qu'on est vide. »

Ma petite expérience de la vacuité, notion si difficile pour moi, consiste à sentir qu'au moment où tout cesse, sensations, pensées, sentiments, ce vide n'est que la forêt avec ses pins et ses bouleaux multicolores de l'automne, l'herbe humide repoussant sous la dernière pluie, le chant des moineaux, le pas silencieux d'un chat. Il a fallu m'anéantir dans le rien pour comprendre que ce rien était le plein de mon existence.

« Atteins la suprême Vacuité et maintiens-toi en Quiétude. Face à l'agitation fourmillante des choses, je contemple leur Retour. Car toute chose après avoir fleuri retourne à sa racine. Retour à la racine a nom Quiétude. A nom Retour. A nom Retour à Destinée. Retour à Destinée a nom Constant. Connaître le Constant a nom Illumination. Ne pas connaître le Constant, c'est courir aveugle au malheur. Qui connaît le Constant embrasse et saisit tout. Quiconque embrasse et saisit tout sera juste. Étant juste sera royal. Étant royal sera céleste. Étant céleste fera un avec la Voie et faisant un avec la Voie persistera. Toute sa vie durant il échappe au péril » (Laozi).

Je dois vous dire que depuis le moment où j'ai perçu l'existence du vide au centre du moyeu, jusqu'à celui où ce vide est devenu agissant en moi, ont dû se passer au moins trois ans.

Tout d'abord mon approche était théorique. Gu Meisheng nous avait parlé du *yao* et de sa vacuité au centre de lui-même. Donc mon imagination travaillait. Je cherchais cette vacuité, car l'information de mon maître ne pouvait pas être fausse. Le *yao*, je le sentais bien, je lui confiais l'exécution de tous les mouvements. Je le respectais à tel point que je ne lui suggérais jamais quoi que ce soit. Il entamait l'action, l'accomplissait et y mettait fin.

J'admire toujours la façon dont ce centre conduit le *chi* et, à travers le *chi*, les quatre membres et tous les os du corps, avec leurs articulations. Et je suis toujours surpris de voir que notre discipline ait pu réveiller ce centre, l'activer et mettre à sa disposition toute notre personne.

Donc sa structure m'intéressait énormément. Notre maître nous avait montré un *yao* central, au milieu de notre taille, dont la longueur pouvait être d'un, deux, trois ou quatre pouces. Ce qui donnait un rectangle vertical au niveau de la taille, dont le centre coïncidait avec le point central de celle-ci. Lorsque je débutais dans la pratique, ces trois ou quatre pouces m'aidèrent à dresser l'axe du talon au sinciput. Mais après quelques années d'efforts soutenus, le rectangle n'était plus nécessaire. Le point central assumait toute l'action du *yao*.

Alors le jour où j'ai expérimenté le vide dans le moyeu, je suis resté immobile. Je regardais les arbres autour de moi, leurs branches qu'aucune brise ne berçait, tout en me disant que ce vide perçu faisait partie de mon imaginaire. Il ne pouvait pas être réel.

Lorsque j'ai repris l'enchaînement, ni le vide ni le point central du *yao* ne se manifestèrent. Ma tête s'était embrumée, j'avais honte, envie de rire de moi-même…

Après une bonne tasse de thé du dragon, j'ai recommencé, sans oser même penser au *yao*, me centrant plutôt sur les talons. Mais voilà, les talons mobilisèrent fortement le *yao* et à ce moment-là j'ai su que les mouvements se faisaient tout seuls.

Je venais de m'identifier au vide et ce vide ne bougeait pas.

Autrement dit Gregorio était immobile, il n'agissait nullement et les mouvements se succédaient les uns aux autres, paisiblement, comme des vagues gagnant la plage.

Cette sensation a dû durer quelques minutes, mais pour moi ils étaient une éternité. Bien sûr, à présent je peux réfléchir et me dire que cette identification avec la vacuité du *yao* avait bien eu lieu au-delà de mon mental, qu'elle appartenait aux expériences du ciel antérieur, mais cela n'a pas empêché que je continue à chercher ce vide jour après jour. Et à présent je comprends que c'est lorsque le *yi* pénètre dans le vide du moyeu que tout s'unifie. Car ils se fondent l'un dans l'autre. L'intention venue du vrai Moi agit à l'unisson avec le vide agissant.

Gu Meisheng nous a montré à plusieurs reprises comment il pouvait passer du vide en un instant à la plus lourde des énergies. Il m'a demandé un jour de le repousser. Je l'ai pris par le poignet en cherchant à le lui tordre, mais je ne trouvais aucun point d'appui. Si je tirais son bras, c'était comme tirer du vent, si je le prenais par les épaules pour les repousser, elles devenaient un gouffre.

– Voilà le vide, me dit-il.

Quant à la lourdeur extrême, il me demandait de le prendre par un bras et le charger sur mon dos. Il n'était pas trop lourd, soixante-dix kilos, tout au plus. Au moment où je le tenais sur mon dos, et que ses pieds ne touchaient pas le sol, il m'a demandé :

– Tu es prêt, Gregorio ?

– Oui.

Et je me suis retrouvé par terre, écrasé par un poids démesuré.

– C'est parce que j'ai rempli la moelle de mes os avec de l'acier fondu, m'a-t-il dit.

Il n'avait pas seulement mobilisé le vide de son *yao*, mais de tout son corps. Et la densité de son *chi*, activée instantanément, montrait sa maîtrise des énergies.

« Les énergies extérieures sont toujours nécessaires. (…) Quand vous voulez pousser quelqu'un, vous devez utiliser vos énergies extérieures. Seulement, une condition indispensable, c'est que vos énergies extérieures doivent se mettre à l'ordre entier de votre intérieur. C'est votre intérieur qui détermine votre extérieur » (Gu Meisheng).

Quant à projeter son *chi* martialement, j'ai eu une expérience qui m'a bien effrayé. Nous étions au Forum, à Paris, et Gu Meisheng nous expliquait qu'en tai-chi la force émise par les mains ou par le poing transperçait le partenaire. Lorsqu'on voulait frapper le partenaire dans la poitrine, par exemple, on devait viser dix ou quinze centimètres derrière son dos. Moi, inconscient, je lui ai demandé de me faire sentir cette « force qui perce les

193

ténèbres ». Il m'a regardé comme on regarde un suicidaire. Et, résigné, il a fermé le poing, l'a posé sur ma poitrine et a projeté son *chi*. J'ai senti mes deux poumons à l'intérieur de ma cage thoracique vibrer et se secouer violemment, comme si une main gigantesque les empoignait et les projetait de tous côtés. J'étais sidéré. Jamais je n'avais senti une secousse pareille. Il a ajouté :

– J'ai projeté mon *chi* tout droit. Si je le projette en vrille, tu vomis du sang.

Ces expériences, effrayantes parfois, m'ont aidé à saisir la puissance de notre tai-chi. Car c'est toujours la même énergie qui sert à se défendre comme à guérir. Pour remédier aux souffrances des autres, ce *chi* doit être guidé, conduit par un esprit épuré, limpide comme un miroir sans images. Il doit jaillir de la profondeur du cœur.

Je dirais la même chose de l'enseignement. Lorsqu'un élève est autorisé par son maître à transmettre cette connaissance, cela veut dire que le maître le considère bien intentionné, motivé par le respect d'autrui et par une grande compassion. Attitude qui doit s'accompagner d'une absence totale de complaisance, envers lui-même comme envers son élève. C'est seulement sur ces bases que le nouvel élève pourra éveiller ses qualités et plus tard devenir indépendant de son instructeur.

En ce qui me concerne, l'essentiel de la transmission a lieu d'intériorité à intériorité. Par une résonance du Moi du maître avec le Moi du disciple.

La technique avec ses règles, les concepts qui aident à la compréhension intellectuelle de la discipline, la répétition inlassable des mouvements jusqu'à leur assimilation complète sont, bien sûr, essentiels. Mais s'ils ne culminent pas avec la communion d'esprit à esprit, et d'une identification de cœur à cœur entre l'instructeur et son disciple, la véritable transmission ne peut pas avoir lieu. Pour employer une image taoïste, je dirais que le ciel antérieur du professeur doit remplir le ciel antérieur de son élève.

> *Le cerisier au milieu de la cour*
> *est en fleur.*
> *La neige, de vent drapée,*
> *de bois l'habille.*
> *Le printemps venu*
> *je vois des bourgeons crier la vie ;*
> *puis, enfants du soleil,*
> *les fraîches cerises*
> *dans nos bouches fondant.*

29.

Le shen

Lorsque le *chi* du *dantian* inférieur, grâce à l'intensification de ses rotations, montées et descentes, atteint le degré de consistance nécessaire, la porte de la vie (point situé sur la colonne vertébrale au-dessus du *yao*) s'ouvre et il reçoit le feu du *mingmen*. Alors le *chi* monte en s'enroulant sur la colonne vertébrale jusqu'au *baihui* (le sinciput).

Arrivé à ce point-là, il descend par le front et atteint l'espace intersourcilier. C'est là qu'il trouve le *dantian* supérieur. Le *chi* y entre et devient *chi-shen* (énergie spirituelle).

Avec la pratique, correctement dirigé par un maître qualifié, ce *shen* devient une sphère divisée en deux secteurs, l'un yin et l'autre yang. Le yin, vide, veut vider le yang, plein ; à son tour le yang veut remplir le yin. Double action complémentaire qui engendre la dynamique de ce centre hautement subtil.

Moi, j'appelle ce *shen* le « cheval ailé » qui pourra nous conduire au centre de nous-mêmes. Il nous permettra de franchir le seuil qui sépare le ciel postérieur du ciel antérieur. Le premier, selon les sages taoïstes, est notre monde, dans lequel nous sommes écartelés entre le moi et les objets. Celui du ciel antérieur a été notre demeure avant

197

notre naissance. Là où règne l'unité ; l'éternelle présence du vrai Moi. Ce *shen* peut entrer et sortir du *dantian* supérieur.

En commençant notre séance de tai-chi, nous nous concentrons sur le *dantian* inférieur (l'océan du souffle vital). À l'intérieur nous imaginons puis visualisons la pleine lune reflétée dans l'eau. Double image yin (l'eau et la pleine lune) qui concentrent et harmonisent tout le *chi* de notre corps.

Notre *yi* (intention) focalisé sur cette image fait qu'elle augmente d'intensité, qu'elle brille et irradie. Alors elle commence à s'épandre, sort de notre corps dans les dix directions, jusqu'à « remplir l'univers ».

Il faut que je vous raconte ma première rencontre avec cette lune dans l'eau. Nous étions à Paris, au Forum, avec notre maître Gu Meisheng. Il nous dit, textuellement, que notre *chi* grandirait de telle façon qu'il finirait par « remplir tout l'univers ». Avec ma propension à douter de tout, je me suis dit, en souriant, que M. Gu employait une image poétique pour nous pousser à sortir de notre identification maladive avec notre corps, afin d'explorer des zones cosmiques. Et mon sourire condescendant a duré quelques années.

Jusqu'au jour où j'ai compris qu'il n'était pas question de gonfler nos énergies comme un dirigeable, ou comme la grenouille de la fable, mais de faire éclater la barrière qui séparait notre *chi*, dit « personnel », du *chi* cosmique. Alors j'ai saisi l'unicité du *chi*. Il n'y avait pas une énergie maintenue en circuit fermé dans mon corps et une autre soutenant notre planète autour du soleil. Non, c'était la même. Lorsque je lève un bras, tout l'univers lève mon bras ;

quand je pense, c'est l'intelligence de toutes les galaxies qui mobilisent mes neurones.

Le mot souffle
parcourt les galaxies.
La pierre qui tombe
ébranle la Grande Ourse.
Atteints la fin du monde en te disant : « Je suis. »

Mon sourire devant l'énoncé de mon maître n'était d'autre que ce « péché de séparabilité » dont parlent les sages hindous. Et sur un plan plus personnel, une autre phrase m'a permis aussi de sortir de mon enclos physique et de me projeter dans l'immense : « Mon corps est en moi. »

Revenons donc à notre sortie du *shen*, qui remplit l'espace jusqu'à ses confins, et même au-delà. Car Lizi, philosophe taoïste, s'exclame à ce sujet : « Ah, cet univers, si immense, si merveilleux... qui occupe une si petite place dans le Vide. »

Notre *shen* peut atteindre ce vide. Vacuité qui nous surprendra en nous faisant revenir, à l'instant même, à notre propre corps, à notre propre esprit, à notre moi de tous les jours. Mais cette fois-ci enrichi d'une dimension jusqu'alors totalement ignorée. Voyage vers l'infiniment grand, pour revenir, régénérés, au plus petit. Convergence où se concilient le microcosme que nous sommes et le macrocosme qui nous englobe. Tous deux confondus ? dans un seul *chi*. Dans une seule conscience.

Tout cela est très bien, très beau, direz-vous. Mais il faudrait que ce niveau de conscience récemment perçu se maintienne dans notre quotidienneté. Qu'il ne reste pas un éclair fugace dans notre obscurité mentale. Que sa lumière brille toujours dans chacune de nos pensées, de nos actes, de nos sentiments.

« Veille ! » voilà le mot clé. Maintenir, entretenir, nourrir celui qui a vécu cette expérience – pour ne pas l'appeler « révélation », « illumination ».

Aussi, nourrir notre *dantian* inférieur, le grand chaudron de nos énergies vitales. Comment ? Par notre sommeil juste et paisible, notre alimentation équilibrée, notre pratique du tai-chi jour après jour, notre examen de l'esprit pratiqué incessamment afin de clarifier notre pensée, orientant correctement notre *yi*, notre vouloir. Faire de notre enchaînement de tai-chi les cent huit sorties du *shen* pour rencontrer, recevoir et fusionner le *chi* de notre irremplaçable partenaire idéal.

Reprenons : une fois que le *chi-shen* est arrivé au point entre les deux sourcils, il entre en spirale dans la tête. Imaginons notre main, face au front, qui tourne sur elle-même en reculant. Ainsi, dans ce mouvement serpentin, spiralé, le *chi-shen* se fraie un passage au milieu de l'espace inter-sourcilier et pénètre deux ou trois centimètres dans le cerveau. C'est là-dedans qu'il rejoint la glande pituitaire.

Si nous montons mentalement jusqu'à ce point, et que nous nous identifions avec lui, nous pouvons trouver le point de convergence entre le ciel postérieur et le ciel antérieur.

Le monde sensoriel se fond dans le monde nouménal. Je dirais qu'à ce moment, nous entrons en contact avec notre Maître interne.

Il est bon alors de prolonger cet instant en ayant les yeux ouverts. Nous serons ainsi conscients de la réalité de tous les jours, mais perçue du fond de notre conscience.

Le shen

Les objets extérieurs, les êtres extérieurs se verront dépourvus de leur nom et de leurs qualités. L'observateur et les objets observés seront perçus dans une unité les englobant. Ni l'espace ni le temps n'auront d'emprise sur eux.

Comme l'esprit cesse à ce moment de produire des images ou des pensées, notre perception reste suspendue dans un intervalle, dans une intemporalité… de vide. Vacuité qui n'est pas une, car tout objet, dans sa matérialité, toute personne, tout animal, etc., restera à sa place. Seule la vision aura changé.

Si cette vision se fait de plus en plus présente dans notre vie, un jour elle deviendra permanente. Un jaillissement incessant aura lieu. Tout sera toujours inédit. Car le passé, inexistant déjà, et le futur, nichant dans l'imaginaire, n'auront aucune influence. Seul le présent, dans ce lieu où nous sommes en ce moment, brillera dans toute sa splendeur.

Le souffle d'un ciel sans visage
embaume le magnolia.
Les cigales cèdent leur chant aux grillons
alors qu'un vieux pêcheur amarre sa barque à la rive.
Rêve d'un rêveur en éveil.
Crépuscule cherchant le jour.

30.

La dimension sans dimension

Il pleut aux Trois Cyprès. Ce matin la grêle a mis à terre les fleurs des cerisiers. Les premières feuilles des chênes blancs s'envolaient pour atterrir gorgées d'eau. À présent, le ciel se voit dégagé par le mistral, alors que les nuages venus de la mer et poussés par la tramontane résistent avec ses averses en tourbillons.

Je me trouve face aux trois fenêtres qui donnent sur le chêne parasol et les rangées de lavande arborant leurs nouvelles pousses.

Après avoir salué l'endroit qui m'accueille, j'avance au centre du salon et salue mon maître Gu Meisheng, dont la présence est à ce moment plus forte que jamais. Je fais la salutation au ciel et à la terre, pour me concentrer ensuite dans mon *dantian* supérieur, où j'entre en communion avec le Moi que je suis. En essayant de garder cette identification avec moi-même, je commence l'enchaînement en pratiquant la « différence de phase ».

Cette pratique consiste à entamer un nouveau mouvement, alors que le mouvement présent n'est pas encore arrivé à sa fin. C'est le *yao*, en fait, qui exécute les cercles nécessaires pour effectuer cette « suite superposée d'un mouvement sur l'autre ». Cette façon d'enchaîner les actions dynamise le rythme, exige un grand écartement des jambes et l'ouverture profonde des *kuas* (l'aine) ; l'action du *yao* s'intensifie elle aussi, et la respiration (toujours libre) s'approfondit.

Ce premier enchaînement fini, je commence le deuxième, dédié intégralement à l'écoute du *chi*. Le regard s'intériorise, il « écoute » la densité des énergies internes qui se déplacent principalement à travers les deux grands méridiens : le *dumai*, dans le dos ; le *renmai*, dans la poitrine. Grâce au remplissage de ces deux rivières, tout le corps, des pieds à la tête et jusqu'aux mains, se remplit du souffle.

À partir de ce moment, une écoute très rigoureuse des actions du *chi* s'impose. Il ne faut rien décider, ni émettre le moindre ordre ou la moindre indication au *chi* afin que ce soit lui-même qui mobilise en entraîne tout le corps. Au bout de quelques instants, se sachant libre et reconnu, il acquiert une plus grande puissance. Tout le corps entre alors dans une « lourdeur en suspension ».

La montée de l'énergie depuis le périnée jusqu'au sommet de la tête exige patience et respect envers ce souffle vital qui monte en sinusoïdes portant en lui toute la force yang. Également, lorsqu'il entre par la pointe de la langue, il entame sa descente vers le périnée.

Cette montée du *chi* peut être comparée à l'acte de bander un arc, avec sa « tension détendue » qui lui est propre, alors que sa descente est comparable à la flèche qui est décochée, produisant une décontraction qui durera jusqu'à ce que le *chi* arrive au point *huiyin* dans le périnée.

Cette écoute du souffle nous oblige à assumer la position d'observateur, de témoin de cet ensemble de mouvements. Témoin passif, car il ne doit pas intervenir. Mais il est cependant actif, car c'est grâce à sa non-intervention, à son lâcher-prise, que l'énergie interne peut se déployer et agir librement.

Une fois fini ce deuxième enchaînement, je prends une bonne dose de thé du dragon et me prépare à la troisième action.

La pluie a cessé, le mistral, vent du nord rempli des effluves du mont Ventoux, vient de vaincre la tramontane qui retourne, à reculons, vers la mer. Le ciel limpide, appelé « provençal », d'un bleu intense, inonde les feuillages des chênes, les profils mouvants des cyprès, pour descendre en douceur sur la luzerne et les lavandes.

Lorsque je commence le troisième enchaînement, où je me propose de pratiquer « l'effacement des traces », après quelques mouvements je m'arrête net. Je ne sais plus où j'en suis. Je croyais bien exécuter à ce moment « les mains bougent comme des nuages », lorsque cette idée même disparaît de mon esprit.

Je me dis tout de suite : « Voilà, je suis dans l'état de stupeur. » État si précieux pour notre maître, qui nous a toujours souligné son importance.

Il ne faut surtout pas, à ce moment, chercher à comprendre quoi que ce soit. Ne chercher pour rien au monde dans mon esprit une réponse logique. Bien au contraire, accepter pleinement que je ne sais plus rien. Accepter que je plonge dans l'oubli des règles, des énergies internes et externes, du pilier de diamant, du regard, du canal médian…

Black-out total !

Mais qui est celui qui est là pour constater ce black-out ? Qui a pu décider de ne pas chercher une réponse concrète, logique, afin d'expliquer cet arrêt de la pensée ?

Je me tourne alors vers moi-même. Comme si je rentrais dans le fin fond de mes origines.

Arrivant alors à ce que j'ose appeler le « noyau » de mon absence, tout à coup ma conscience se retourne et, en sortant vers l'extérieur, elle réalise que tant l'extérieur que l'intérieur n'existent plus. Qu'ils ont tous deux cédé la place à une perception qui abolit toute notion d'espace.

Le haut et le bas, la fenêtre qui est face à moi et qui dévoile le grand chêne parasol, comme celle à ma gauche déployant le champ de lavande, ou la troisième dans mon dos, donnant sur les collines du Luberon, elles ont toutes brisé leur caractère spatial.

Ou bien quelque chose en moi a cessé de les séparer.

Alors je me rends compte que cette même perception a lieu dans mon intérieur : la notion de personne, moi, Gregorio, et le Moi dans mon for intérieur, ont tous deux abandonné leur caractère d'objet ou de sujet séparé de quoi que ce soit ; séparé de qui que ce soit.

La terre que j'admire autour de moi, avec ses manteaux de forêts, d'oliviers, d'iris et de magnolias, comme le ciel à présent infini d'azur, ont tous eux aussi cessé de revendiquer une existence propre, avec ses limites, ses formes, ses présences.

Et je sais alors que mon état de stupeur vient de finir.

Il n'y a plus personne pour être dans la stupéfaction ; plus personne pour être étonné (sous l'impact du tonnerre de l'évidence). Rien n'est plus qualifiable, énonçable, perceptible, descriptible. Car aucune conscience, à ce moment, n'a besoin de sentir, de percevoir, de définir.

Passé quelques instants, je sors et m'assois face aux collines qui au loin ressemblent à la mer étale.

Seul le murmure du vent subsiste.

Je ferme les yeux à moitié.

La dimension sans dimension

Gwendoline et Gertrude
entament leur concert de la mi-journée.
La première reste dans le bassin
(elle en sort rarement),
Gertrude préfère les branches du cerisier
où elle agrippe les ventouses de ses quatre mains.
Leur dialogue remplit les recoins du cabanon,
glisse sur les tuiles,
s'enroule dans les crêtes du ciel.
Dans la profondeur du bassin,
voguant dans la vase,
les carpes remuent,
à peine,
la surface des eaux.

Qu'est-ce que cette expérience veut me dire ?

S'agit-il de l'acceptation de la fin de ma vie ? Ma vie personnelle, en fait.

Ou bien une invitation à reconnaître le caractère éphémère de ce Gregorio si attaché à lui-même, à ses « possessions » de toutes sortes ?

Serai-je en mesure, un jour, de vivre en plein accord avec cette dimension-sans-dimension que je suis ?

ANNEXE

Lettres de maître Gu Meisheng

Shanghai, le 23 février 1989.

Cher Gregorio

J'ai bien reçu votre lettre du 2 février qui m'a fait un très grand plaisir.

Les sensations que vous me décrivez montrent que vous avez fait de très grands progrès. Cependant je me permets de vous faire remarquer plusieurs points.

La sensation du *chi* dans le champ de cinabre inférieur est un excellent signe. Une vie bien réglée, un esprit serein sont maintenant plus importants que jamais. Faites plus souvent le tournoiement de la taille en position assise. Faites de temps en temps la concentration sur le champ de cinabre inférieur. Vous me direz votre sensation plus tard.

Inutile de vous concentrer sur le champ de cinabre du milieu, cela pourrait parfois entraîner un blocage au niveau du thorax. Si le *chi* peut descendre sans difficulté de la partie supérieure du corps dans le champ de cinabre inférieur, autrement dit si votre méridien *ren* (*jen*) est bien débloqué, le champ de cinabre médian sera tout naturellement bien aménagé.

L'« océan de flammes » dont vous parlez, c'est le *shen*, puissance spirituelle qui réside entre les deux sourcils. Le *shen* est

211

symbolisé par le signe de huit trigrammes (a), le yang envelop-
pant un élément yin (le contraire du *chi* du champ de cinabre
inférieur, (b), le yang dans le yin) donc de l'eau dans le feu.
Une vision exacte.

Le *shen* a cette faculté de commander le *chi*, qu'il met en
mouvement. Vous l'avez bien dit : vous aviez l'impression que
les mouvements sont guidés à partir de ce centre, tournoiement à grande vitesse, vision presque lumineuse, explosion de
couleurs, eau incandescente, autant d'aspects du *shen*.

Surtout vous sentez que votre vrai Moi réside là, différent
de votre moi ordinaire. C'est une excellente sensation. Très
peu de gens y arrivent, je dois vous féliciter, mon cher ami.
Cependant, faites attention à deux choses :

1. Mieux vaut sentir cela, non en faisant l'enchaînement,
mais à d'autres moments, en position assise, en faisant la
concentration. Dans l'enchaînement portez votre attention
plutôt sur vos mouvements et sur le point crucial : la taille, en
retenant les différentes règles que je vous ai apprises.

2. Si vous voulez faire un pas en avant, et un grand pas,
tâchez de ne pas localiser votre Moi entre les deux sourcils, mais
ailleurs, ou nulle part. Vous ne pouvez pas préciser le siège exact
de votre Moi, mais il est bien là, à surveiller tout ce que vous
faites. Ce vrai Moi, c'est le tai-chi en vous, c'est votre visage
originel. Il est là, éternel, telle une lampe qui éclaire chacune de
vos actions, chacune de vos paroles, chacune de vos pensées et
pas seulement les mouvements de l'enchaînement. Mais ce n'est
pas chose facile, faites un grand effort, vous n'avez rien à
perdre.

Écrivez-moi si vous avez d'autres questions.

Amicalement,

Gu Meisheng

Shanghai, le 20 juin 1990.

Très cher ami,

Votre rêve fait à la campagne se rapproche beaucoup de ce qu'on appelle « promenade transcendantale ». Normalement la sortie momentanée de l'« âme » du corps ne pourrait se réaliser qu'avec la formation du cinabre (c'est pour cela d'ailleurs que je vous avais conseillé de vous concentrer sur le champ de cinabre inférieur), mais vous l'avez fait d'une manière un peu précoce (ce qui n'est pas une mauvaise chose), c'est pourquoi vous aviez la sensation d'un simple rêve. À mesure que vous deviendrez plus fort intérieurement, vous aurez d'autres perceptions plus subtiles et plus nettes.

Votre assertion « On ne disparaîtra pas après la mort » est bien vraie…. Comment y arriver ? Par différentes voies dont l'une est justement la connaissance de son vrai Moi, je suis vraiment content pour vous. Le but ultime de notre tai-chi est justement d'atteindre petit à petit, par la pratique, l'éveil de ce Moi.

Recevez mes meilleures amitiés,

Gu Meisheng

Shanghai, le 18 mars 1992.

Mon cher Gregorio,

J'ai lu à plusieurs reprises votre dernière lettre qui m'a beaucoup touché.

Comme vous le dites, je revois très souvent dans mon esprit les scènes qui ont eu lieu dans la salle de la rue de Vaugirard avec les participants des leçons de tai-chi parmi lesquels il y avait vous au premier rang. Je ne me suis pas trompé : les quelques personnes – dont vous en particulier – à qui je portais spécialement attention sont celles qui aujourd'hui réalisent les plus grands progrès, s'avèrent les plus prometteuses et se montrent les plus compréhensives de notre tai-chi chuan. Ceci, vous pouvez vous le figurer, est une immense joie et une grande consolation pour moi.

Ce que vous me dites ne m'étonne pas : malgré la vie trépidante que vous menez, vous restez calme et votre travail spirituel avance toujours sans trébucher, car vous avez déjà constitué une base intérieure suffisamment solide pour maintenir l'aplomb et vous donner confiance en vous-même. Vous êtes sans doute d'accord avec moi pour dire que rien n'égale la joie de persister dans cette voie avec à chaque pas la découverte de quelques merveilles ; rien n'égale la joie de pouvoir partager ce savoir extraordinaire avec les autres.

Donc, continuons à suivre cette voie !

Avec mes meilleurs souvenirs,

Gu Meisheng

Shanghai, le 22 juin 1992.

Mon cher Gregorio,

Il est de première importance pour vous d'accumuler vos forces. En même temps que vous travaillez assidument le tai-chi et pratiquez la méditation, il vous faut diminuer les dépenses sous toutes leurs formes. Je ne veux pas dire que vous devez vous abstenir d'enseigner le tai-chi, non. Enseigner, c'est aussi une façon d'apprendre, d'autant plus que c'est pendant ces moments que vous connaissez votre bonheur en engageant un vrai dialogue avec ceux qui partagent vos connaissances. Il vous faut continuer d'enseigner. Seulement ménagez-vous surtout lorsque vous vous sentez fatigué. Il faut être généreux, bien sûr, il faut même se donner entièrement aux autres. Mais cela est une chose à long terme. Pour le moment il faut savoir proportionner sa dépense à son revenu, sinon on ne pourra accumuler ses forces comme il faut. Et on n'accumule ses forces que pour donner davantage plus tard.

Sachez que M. Xie et moi nous plaçons notre espoir en vous pour que notre tai-chi chuan puisse se répandre en France. Et vous avez tout notre soutien.

Bien à vous,

Gu Meisheng

Shanghai, le 27 novembre 1992.

Cher Gregorio,

Je m'empresse de prendre la plume pour répondre aux différentes questions que vous me posez.

Vous me demandez les détails de la méditation « le *yi* résidant dans le *dantian* » et vous croyiez que le *yi* devait résider dans le cinabre supérieur. Eh bien non, ce qui réside dans le cinabre supérieur est le *shen* et non le *yi*, ce dernier ne réside nulle part et peut passer partout.

Lorsque vous portez votre attention au *dantian*, le *yi* y va tout de suite. Position assise, tronc droit et détendu, tête légèrement baissée, les yeux mi-clos, les mains posées sur les genoux, concentrez votre attention sur le *dantian*. Faites cela le plus souvent et le plus longtemps possible. Il est inévitable d'avoir des divagations de l'esprit, auquel cas vous ramenez votre pensée au *dantian*. Pour faciliter la concentration, faites attention à la respiration : quelque chose dans le *dantian* se gonfle lors de l'inspiration et se rétrécit au moment de l'expiration.

C'est une pratique taoïste, mais nous la faisons aussi. Pratiquer cela en même temps que le tai-chi chuan permet d'avoir

215

une plus grande efficacité dans la formation ultérieure du cinabre supérieur. Comme cette pratique d'origine taoïste permet de constituer une base à partir de laquelle on s'engagera plus tard plus facilement dans les pratiques bouddhiques, il n'y a pas de raison de la refuser. La formation du cinabre est une étape nécessaire.

Je préfère vous dire dès maintenant que, quand vous aurez goûté les délices que vous procure cette pratique, il ne faut absolument pas négliger la pratique du tai-chi chuan ni inverser l'ordre de ces deux pratiques. Sachez que même lorsque vous aurez formé votre cinabre, ce ne sera que le premier pas, bien que ce soit un pas important, et que d'autres merveilles sont encore à découvrir. D'ailleurs le cinabre au début n'est pas encore d'une substance pure, il y a lieu de le purifier à l'aide du feu qui produit le tai-chi. Le *chi* du *dantian*, même condensé, s'il est trop lâche et peu serré et solide, ne peut guère être appelé « cinabre ». Ce genre de boule peut se désagréger parfois. Il y a donc lieu de continuer à le consolider par le tai-chi. Au cours de cette pratique, une vie saine et régulière est de rigueur.

D'une manière générale, votre façon d'enseigner le tai-chi est bonne. Mais il faut bien distinguer les sujets. À certains qui sont très doués, vous pouvez insister sur l'écoute du *chi* et cela peut leur être efficace et utile, en même temps surveillez-les de près pour qu'ils ne tombent pas dans l'erreur d'attacher plus d'importance à la recherche des sensations qu'à l'observation des règles. À d'autres qui ont beaucoup de raideurs dans le corps, mettez surtout l'accent sur les exercices préparatoires, le travail des jambes et de la taille dans l'enchaînement et les différentes règles à observer graduellement selon les circonstances. À ces gens-là, l'écoute du *chi* ne produit souvent aucun effet, ce qui peut les décourager. Nos mauvaises habitudes accumulées depuis des décennies, que dis-je, depuis des existences successives constituent une cloison étanche et opaque qui éteint toute sensation intérieure, on ne fait jamais assez pour la faire partir petit à petit et débloquer l'individu. À vous donc de choisir les méthodes à bon escient. Quant à la culture du *chi*, là vous avez parfaitement raison. Qui ne cultive son *chi* ne pourra jamais franchir le seuil du tai-chi chuan.

Mes félicitations à vous pour sentir que votre vrai Moi prend peu à peu sa place dans la vie de tous les jours, et ce besoin ressenti de mener une vie recueillie et sereine est tout à fait normal. Mais pour ce qui est de pouvoir se dire : « Je suis là », il n'est pas besoin de se retirer du monde : l'auteur de *La Lampe du cœur* n'a-t-il pas enseigné de s'exercer à la surveillance constante du son Moi dans la vie courante et non dans la vie retirée ? Cela dit, il est dans l'immédiat une nécessité pour nous de nous éloigner de temps en temps de la société pour faciliter le recueillement et la vie intérieure, il suffit de ne pas considérer cette façon de vivre comme définitive. Qu'en pensez-vous ?

Vous sentez que vous dépensez de plus en plus votre *chi* pendant les cours, cela est une preuve que votre corps est de mieux en mieux débloqué et que votre *chi* est plus subtil. C'est là un phénomène inévitable, il est difficile de retenir le passage du *chi* de votre corps à celui des autres. D'ailleurs pourquoi le retenir puisque l'enseignement du tai-chi consiste à donner ? Mais il est important de se reposer après une leçon et de savoir récupérer…

Dans l'attente d'avoir d'autres nouvelles de vous, je vous donne une bonne poignée de main.

Gu Meisheng

Shanghai, le 14 mars 1994.

Bien cher Gregorio,

C'est avec un très grand plaisir que j'ai lu votre lettre du 19 février.

La sensation que vous avez – sentir plus nettement la présence de l'axe vertical soutenu par les talons avec des faisceaux de lumière – est excellente. Vous verrez qu'en suivant cette voie avec la méthode que vous maîtrisez déjà, vous finirez par former votre axe, appelé « pilier de diamant », axe lumineux et indestructible, infiniment solide, qui vous servira d'appui pour tout.

Bien cordialement vôtre,

Gu Meisheng

Shanghai, le 20 novembre 1994.

Cher Gregorio,

Merci pour vos questions.

J'essaie de vous répondre.

– Votre sensation de vous identifier avec les deux *bodhisattvas* pendant la méditation est sans doute une excellente sensation. Poursuivez. Vous vous mettez à l'école de leur altruisme. Pourtant, étant encore à mi-chemin de l'avancement, il est tout à fait normal que vous pensiez à votre propre pratique et à votre propre progrès tout en vous occupant de vos élèves. Ce n'est pas là nécessairement l'effet de l'ego. Il suffit d'avoir dans l'esprit cette idée persistante ; si vous êtes préoccupé par votre pratique et vos progrès, c'est dans la perspective de pouvoir mieux servir les autres plus tard et avec plus d'efficacité.

– Si le siège du *chi* central de la femme se situe au niveau du thorax au lieu du ventre comme c'est le cas chez l'homme, c'est que ces deux êtres sont différemment faits par la Nature et il est impossible de dire pourquoi. Ce qui importe, c'est de prêter attention à la façon de pratiquer à certains moments (pendant la menstruation, pendant et après la grossesse, etc.).

Voilà, cher Gregorio, les quelques réponses que je vous apporte. J'espère qu'elles vous seront utiles.

Très amicalement,

Gu Meisheng

Notes

Le lecteur trouvera les références complètes des ouvrages cités dans la bibliographie, p. 233.

1. La pupille du pigeon voyageur

1. On appelle le tai-chi l'« art du combat avec son ombre ». L'ombre étant nos émotions négatives, nos passions incontrôlées, nos désirs désordonnés, etc.

2. La roue et ses rayons

1. Maître Gu Meisheng fut l'élève de maître Yue Tan, l'un des plus éminents maîtres de tai-chi chuan. Après de longues années de pratique sous sa conduite, il commença à enseigner l'« art du combat du Principe suprême ». D'abord à Shanghai, puis en France à partir de 1984. Pratiquant émérite du taoïsme et du bouddhisme chinois (chan), il fut invité par la Sorbonne pour enseigner ces deux philosophies. Puis le Collège de France lui demanda de donner une série de conférences sur le tai-chi chuan.

2. Laozi, « vieil enfant », ou « maître Lao », est un philosophe chinois qui aurait vécu entre le VIIe et le Ve siècle avant J.-C. *Le Livre de la Voie et de sa Vertu*, ou *Daodejing*, qu'on lui attribue a initié (a pos-

teriori) le taoïsme et est également considéré par d'autres courants comme un texte philosophique important.

3. D'autres traductions du 6ᵉ chapitre :

L'esprit de la vallée ne peut mourir
Mystérieux féminin.
Du cœur de cette mystérieuse obscurité
Sort la racine du ciel et de la terre.
Sans cesse elle croît
Invisible, sans effort.

(*Tao Te King*, de Lao-tseu, traduction de Ma Kou, adaptation et préface de Marc de Smedt, Albin Michel, 1984.)

L'esprit de la vallée ne meurt pas ;
on l'appelle la femelle mystérieuse.
La porte de la femelle mystérieuse
s'appelle la racine du ciel et de la terre.
Il est éternel et semble exister (matériellement).
Si l'on en fait usage, on n'éprouve aucune fatigue.

(*Tao-te King* : *Le livre de la Voie et de sa Vertu*, de Lao-tseu, traduction de Stanislas Julien), révision et postface de Catherine Despeux, Mille et une nuits, 2000.

Selon Catherine Despeux : « L'expression *kou-chen*, "l'esprit de la vallée", désigne le Tao. Le mot *kou*, "vallée", se prend ici dans un sens figuré. Une vallée est vide et cependant elle a un corps, c'est-à-dire qu'elle existe matériellement. Mais "l'esprit de la vallée" est vide et immatériel (littéralement : et sans corps). Ce qui est vide et immatériel n'a point reçu la vie ; comment pourrait-il mourir ? L'expression *kou-chen*, "l'esprit de la vallée", est destinée à exprimer sa vertu (la vertu du Tao). L'expression *hiouen-p'in*, "la femelle mystérieuse", sert à exprimer ses mérites. Cette "femelle" produit tous les êtres. On l'appelle *hiouen*, "mystérieuse", pour dire que si l'on voit naître les êtres, on ne voit pas ce qui les fait naître. Le mot *hiouen* a le sens de "obscur, profond, impénétrable". Tous les êtres ont reçu la vie, et, en conséquence, ils sont sujets à la mort. L'esprit de la vallée n'est point né, c'est pourquoi il ne meurt pas. »

L'esprit de la vallée ne meurt point ;
C'est elle qu'on appelle la femelle mystérieuse.
La porte d'où vient cette femelle mystérieuse
Est ce qu'on appelle la racine du ciel et de la terre.
Ténue, tel un filament, c'est comme si elle était présente ;
Mais si l'on en fait usage, jamais elle ne s'épuise.

(Lao-tseu, *Le Daodejing, Classique de la voie et de son efficience*, nouvelle traduction d'après les trois versions complètes : Wang Bi, Mawangdui, Guodian par Rémi Mathieu, Médicis-Entrelacs, 2008.)

L'esprit du Val ne meurt point, c'est la Sombre Femelle.
La porte de la Sombre Femelle
est la racine de la Terre et du ciel.
Fil de soie infini qui semble presque exister,
et dont on use sans jamais l'épuiser.

(*Le Lao-tseu suivi des Quatre Canons de l'empereur Jaune*, traduction et commentaires de Jean Levi, Albin Michel, 2009.)

4. Les règles

1. Isabelle Robinet, *Histoire du taoïsme des origines au XIVᵉ siècle*, Cerf, 1991.

2. Les trois *dantian* : il s'agit des trois principaux centres énergétiques dans notre corps. Le *dantian* inférieur, appelé aussi le « champ de cinabre », le « *chi* central », l'« océan du souffle vital ». C'est dans ce *dantian* que va naître et se développer l'enfançon, cher aux taoïstes. Cette créature énergétique fait de *chi* deviendra au long de la pratique un être spirituel, qui symbolise la renaissance du pratiquant. Le deuxième est le *dantian* du cœur, situé dans la poitrine. Le troisième, le *dantian* supérieur, se trouve entre les deux sourcils. En lui réside le *shen*, énergie sublimée, spirituelle.

3. Voir chapitre 16 : « L'observation de l'esprit (le *dhyâna*) ».
4. Catherine Despeux, « Histoire de la médecine chinoise », *Encyclopédie des médecines naturelles, Acupuncture et médecine traditionnelle chinoise*, Éditions techniques, 1989.

5. *Les éléments qui intègrent la pratique du tai-chi*

1. Pour plus de détails voir Gérard Edde, *Manuel pratique de digitopuncture*, Dangles, 2005.

6. *Les talons*

1. Voir p. 45.

7. *Chigong : les excercises de base,*

1. *Chigong* signifie « maîtrise de l'énergie ». Selon la tradition millénaire de la Chine, l'être humain doit vivre en harmonie avec la nature qui l'environne. Sa pratique contribue à revivifier les énergies, à fortifier les muscles et les articulations, à vitaliser le corps et le mental.

8. *L'écoute du* chi

1. Catherine Despeux, « Histoire de la médecine chinoise », *op. cit.*

10. *Des lampions sur le Gange*

1. Huang-Po (mort en 850), maître chan, fut le maître de Linji.

2. « Le corps était conçu comme un espace organisé sur le modèle du monde céleste, abritant des divinités, représentantes des Souffles et des forces psychiques (*shen*). Le ciel était divisé en administrations et palais dans lesquels régnaient des souverains, gardiens chacun d'un aspect de la médecine » (Catherine Despeux, « Histoire de la médecine chinoise », *op. cit.*).

12. La femme et l'homme de chi

1. *Yi Jing. Le livre des changements,* trad. du chinois et présenté par Cyrille J.-D. Javary et Pierre Faure, Albin Michel, 2002.

14. Le partenaire idéal

1. Linji (Lin-tsi), maître chan, IXe siècle, *Entretiens de Lin-tsi*, traduits et commentés par Paul Demiéville, Fayard, 1972. De l'avis de Paul Demiéville, le plus célèbre logion de Linji, « La quintessence de sa pensée », est le suivant : « Montant en salle, il dit : "Sur votre conglomérat de chair rouge, il y a un homme vrai sans situation, qui sans cesse sort et entre par les portes de votre visage. Voyons un peu ceux qui n'ont pas encore témoigné !" Alors un moine sortit de l'assemblée et demanda comment était un homme vrai sans situation. Le maître descendit de sa banquette de *dhyâna* et, empoignant le moine qu'il tint immobile, lui dit : "Dis-le toi-même ! Dis !" Le moine hésita. Le maître le lâcha et dit : "L'homme vrai sans situation, c'est je ne sais quel bâtonnet à se sécher le cul…" Et il retourna dans sa cellule. »

2. « Jouer de la cithare », poème de Houang T'ing-kien (traduction Bourgeois), « Poèmes des Song (960-1279) », *Anthologie de la poésie chinoise classique*, Gallimard, 1962.

3. Linji, *Entretiens de Lin-tsi, op. cit.*

4. Femme qui ne peut pas enfanter. Image utilisée souvent par les maîtres chan pour stigmatiser la création illusoire d'images, de pensées, de personnes, de réalités inexistantes.

5. Linji, *op. cit.*
6. *Ibid.*

16. *L'observation de l'esprit (le* dhyâna*)*

1. Le *dhyâna* (zazen), méditation assise. Cette méditation tire ses origines de la pratique du *dhyâna* hindou (« méditation » en sanscrit). L'introduction du bouddhisme en Chine, par le moine Bodhidharma vers le Vᵉ siècle de notre ère, va permettre que cette pratique venue de l'Inde rencontre le taoïsme (particulièrement la pratique du *dao shan*, concentration assise venant de l'alchimie taoïste) dont l'influence réciproque va donner naissance à l'école chan (zen au Japon).
2. Linji, *Entretiens de Lin-tsi, op. cit.*
3. *Ibid.*
4. *Les Dits du Bouddha, Le Dhammapada*, Albin Michel, 2004.

18. *Effacer les traces*

1. Catherine Despeux, *Taiji quan, art martial, technique de longue vie. Les principes essentiels du Taiji quan, de Yan Chen Fu*, Guy Trédaniel, 1981.
2. « Le corps doit être exercé avec modération, nous dit Huatuo. En le remuant et le balançant de droite et de gauche, le souffle issu de la nutrition se répartit et s'élimine bien, le sang circule normalement et les maladies ne naissent plus. Il en est comme d'un gond d'une porte qui ne rouille pas si on le fait fonctionner. C'est pourquoi dans l'Antiquité les taoïstes s'adonnaient au *daoyin* » (extrait de la « Biographie de Huatuo » dans les *Mémoires des Trois Royaumes (Sanguo zhi)*, p. 29). Huatuo avait lui-même un ensemble de mouvements gymniques intitulé « le jeu des cinq animaux ». Cité par Catherine Despeux, « Histoire de la médecine chinoise », *op. cit.*
3. La pensée créatrice. « Ce terme comporte l'idée de volition, d'intention. Les maîtres de boxe définissent le *yi* de la manière suivante : "Le *yi* est l'intention de mon cœur." Dans les textes taoïstes, on emploie souvent le terme de "pensée" (*yi*) en corrélation avec celui

d'"énergie spirituelle" (*shen*). Le *shen* est la substance, le *yi* est la fonction. Le *shen* correspond au non-agir, tandis que le *yi* gouverne l'action. Dès qu'il y a action, il y a emploi du *yi*... » Catherine Despeux (*Taiji quan, art martial, technique de longue vie, op. cit.*).

4. Non-chuan, maître chan.

5. Confucius. Jean-François Billeter, *Leçons sur Tchouang Tseu (Zhuangzi)*, Éditions Allia, 2002.

19. L'homme dont la terre est le toit

1. *L'homme dont la terre est le toit* : notre partenaire idéal dans sa caverne ; pour lui, la surface dans laquelle nous vivons est son toit.

d'un souffle en flammes est nimbé : souffle spirituel *chi-shen*, qui émane de lui-même et l'entoure.

D'un arbre des monts descendu : la femme, l'homme, nous-mêmes.

les racines l'embrassent : les racines de nos pieds.

Voyez sa lumière monter : l'irradiance du partenaire idéal.

vers la crête du monde : notre habitat, pour lui le sommet du monde.

De l'homme dont la terre est terroir : nous-mêmes, notre terre nourricière, nos foyers.

voyez ses branches fleurir : il s'épanouit.

l'horizon autour de lui en pluie d'étoiles se déploie : son bonheur éclaire la nature.

20. L'aspect martial

1. Tchouang-tseu (Zhuangzi), *Œuvre complète*, traduction de Liou Kia-hwai, Gallimard-Unesco, « Connaissance de l'Orient », 1969.

21. La petite révolution sidérale

1. L'image du serpent décrite ici correspond à celle employée par les hindous dans le symbolisme de la *kundalini* et à celui du caducée de la tradition thérapeutique qui remonte en Grèce à Hippocrate.

22. Le combat avec mon ombre

1. « L'opéra classique chinois Kunqu est né au XVIᵉ siècle. Il représente le style le plus élaboré et le plus raffiné de l'opéra chinois. Point de batailles ni d'acrobaties comme dans l'opéra de Pékin, l'importance est d'abord donnée aux sentiments des personnages et à la musique qui fait appel aux flûtes, aux instruments à cordes et aux percussions. *Le Pavillon des pivoines*, qui raconte une histoire d'amour née d'un songe, est sans nul doute l'œuvre la plus importante du genre » (Maison des cultures du monde, chefs-d'œuvre du patrimoine immatériel de l'humanité, Unesco, 2001).

2. Kristofer Shipper, *Le Corps taoïste*, Fayard, 1997.

3. « Zhu Zhenheng (1281-1358)… encore plus que ses prédécesseurs, accorda de l'importance à l'hygiène de vie. Le Feu ministre des reins (…) engendre la force vitale continue, laquelle peut facilement être ébranlée par une activité sexuelle excessive et l'émission trop fréquente d'essence séminale yin, d'où son principe de base : le yang est facilement ébranlé, le yin est la plupart du temps en insuffisance. Il convenait donc en thérapeutique de "nourrir le yin" et faire descendre le Feu. (…) (Zhu Zhenheng) accorda de l'importance aux techniques taoïstes d'entretien du principe vital… » (Catherine Despeux, « Histoire de la médecine chinoise », *op. cit.*).

4. Le *karma* désigne le cycle des causes et des conséquences lié à l'existence des êtres sensibles. Il constitue la somme de ce qu'un individu a fait, est en train de faire ou fera. Chaque être est responsable de son *karma*. Il est le reflet de nos actions antérieures qui se manifeste dans notre vie actuelle. Il faut constamment chercher à améliorer son *karma*, littéralement ses « actions », par de bonnes actions.

23. *Face à face avec mon ami de bien*

1. Ces expériences énergétiques ressemblent aux techniques de guérison que pratiquent les *mano santa* (guérisseurs indiens) d'Argentine. Moi-même, j'ai eu l'occasion de recevoir certains enseignements de la part de l'un de ces médecins ruraux et nous faisons actuellement un échange entre ses connaissances thérapeutiques et mon expérience du chigong.

2. « Il convient de visualiser les esprits vitaux et de conserver l'unité, d'écarter les maux et de protéger le corps constamment comme le souverain dirigeant un royaume, ou comme les généraux attendant l'ennemi, et l'on pourra ainsi parvenir à la longue vie (…). C'est pourquoi le corps d'un individu est à l'image d'un royaume. Le thorax et l'abdomen correspondent aux palais, les quatre membres aux faubourgs et frontières. Les articulations sont les fonctionnaires, l'esprit vital (*shen*) est le souverain, le sang les ministres, le Souffle le peuple. C'est pourquoi celui qui sait "mettre de l'ordre" dans son corps est apte à "mettre de l'ordre" dans le royaume. Aimer son peuple est le moyen d'apaiser le royaume, nourrir son Souffle est le moyen de parachever son corps. Si le peuple est dispersé, le royaume périclite, si le Souffle s'épuise, le corps meurt. Une fois mort, il ne peut renaître, une fois disparu, il ne peut se reformer. C'est la raison pour laquelle le sage suprême élimine les maux avant qu'ils n'apparaissent, soigne les symptômes avant l'apparition de la maladie » (Ge Hong, 261-341 ; cf. *Baopuzi*, trad. J. Ware, 1966 ; Catherine Despeux, « Histoire de la médecine chinoise », *op. cit.*).

3. « Avoir une "bonne santé" pour mieux nourrir cette merveilleuse vieillesse : les maîtres du tai-chi chuan, cette boxe lente si tonique, mettent pourtant toujours leurs disciples en garde contre l'illusion que le sentiment de bien-être ressenti grâce à la pratique régulière de l'art signifierait l'atteinte du but. Cette satisfaction peut être factice et source d'erreurs. La boxe, comme le jeûne du cœur, n'est pas seulement une jouissance, mais doit également rester une ascèse, une hygiène préalable, quotidienne, pour pouvoir affronter l'inévitable. (…) Rester éveillé, maître de soi-même, debout, droit et lucide – d'un pas ferme entrer dans la vie et d'un pas ferme en sortir

– tout cela contribue à nous rendre, dans la mesure du possible, les artisans de notre destin » (Kristofer Schipper, *Le Corps taoïste, op. cit.*)

24. Mon corps et moi

1. « L'oiseau Peng déploie ses ailes / Il se pose sur le mont Taishan » : « Il existe un oiseau nommé Peng dont le dos est semblable au mont Tai et dont les ailes sont comme les nuages du ciel. En décrivant une spirale comme une corne de bélier, portant le ciel sur son dos, l'oiseau s'élève sur un vent ascendant de quatre-vingt-dix mille stades, et dirige son vol vers le sud pour atteindre l'océan méridional » (Zhuangzi). Le mont Tai se trouve au nord de la ville de Tai'an, dans la province du Shandong. Cette montagne occupe une place importante, par son histoire et par sa signification culturelle. Le pic de l'Empereur de Jade, à 1545 mètres, est son point culminant. Taishan, l'une des cinq montagnes sacrées de la Chine, est associé à la naissance, aux lumières de l'aurore et au renouveau.

27. La rivière intérieure

1. *Considérez toute chose, comme un rêve*, enseignement de Dilgo Khyentsé Rinpotché, Extrait de *Audace et compassion*, Éditions Padmakara.
2. *Ibid.*
3. Namkhaï Norbu Rimpotché, *Dzogchen et Tantra*, Albin Michel, 1995.
4. Shabkar, *Autobiographie d'un yogi tibétain*, traduit par Matthieu Ricard et Carisse Busquet, Albin Michel, 1998 et 1999.
5. « Le *chongmai* est bien le canal central ou, pour être plus précis, *chong* signifie faire brusquement irruption, on trouve donc aussi la traduction "canal d'assaut" car lorsque l'énergie y pénètre, c'est un peu comme pour la *kundalini*, un jaillissement brusque du bas vers le haut ; mais on parle aussi de *zhongmai*, *zhong* étant le caractère qui signifie le centre, médian. En tout cas, il s'agit dans les deux cas du

canal qui passe au centre du corps et dont l'équivalent indien est le *sushumna* » (Catherine Despeux).

6. N. Wiseman, *Glossary of Chinese Medical Terms and Acupuncture Points*, Paradigme Publications, États-Unis, 1990.

7. Ce grand chêne qui se trouve au centre de la petite forêt des Trois Cyprès a créé naturellement un cercle autour de lui, où seule la luzerne pousse. Nous avons placé de grosses pierres et des troncs dans ce cercle pour nous asseoir. Le chêne, par sa force et son grand âge, nous procure une paix intérieure qui facilite notre concentration pendant nos examens de l'esprit et lors de nos marches chan.

Bibliographie

Dilgo Khyentsé Rimpotché, *Considérez toute chose comme un rêve*, extrait de *Audace et compassion*, Éditions Padmakara.

Catherine Despeux, « Histoire de la médecine chinoise », *Encyclopédie des médecines naturelles, Acupuncture et médecine traditionnelle chinoise*, sous la dir. de P. Cornillot, Éditions techniques, 1989.

Catherine Despeux, *Taiji quan, art martial, technique de longue vie*, Guy Trédaniel, 1981.

Isabelle Robinet, *Histoire du taoïsme des origines au XIVᵉ siècle*, Cerf, 1991.

Anthologie de la poésie chinoise classique, sous la dir. de Paul Demiéville, Gallimard/Unesco, 1962.

Entretiens de Lin-tsi, traduits du chinois et commentés par Paul Demiéville, Fayard, 1972.

N. Wiseman, *Glossary of Chinese Medical Terms and Acupuncture Points*, Paradigme Publications, États-Unis, 1990.

Les Dits du Bouddha. Le Dhammapada, Albin Michel, 2004.

Kristofer Schipper, *Le Corps taoïste*, Fayard, 1997.

Jean-François Billeter, *Leçons sur Tchouang-tseu*, Allia, 2002.

Tchouang-tseu, *Œuvre complète*, trad., préface et notes de Liou Kia-hway, Gallimard/Unesco, « Connaissance de l'Orient », 1969.

Gérard Edde, *Manuel pratique de digitopuncture*, Dangles, 2005.

Lao-tseu, *Tao te king, ou Livre de la Voie et de la Vertu*, traduit du chinois par Stanislas Julien, révision des notes et postface de Catherine Despeux, Mille et une nuits, 2000.

Namkhaï Norbu Rimpotché, *Dzogchen et Tantra*, Albin Michel, 1995.

Yi Jing. Le Livre des changements, trad. du chinois et présenté par Cyrille J.-D. Javary et Pierre Faure, Albin Michel, 2002.

Shabkar, *Autobiographie d'un yogi tibétain*, traduit par Matthieu Ricard et Carisse Busquet, Albin Michel, 2 tomes, 1998 et 1999.

Huang-Po, *Les Entretiens de Huang-Po*, traduit du chinois par Patrick Carré, Éditions les Deux Océans, 1985.

Ge Hong, *Alchemy, Medicine and Religion in the China of A.D. 320, the Nei P'ien of Ko Hung*, trad. par James Ware, MIT Press, 1966-1981. Voir aussi Ge Hong, *La Voie des divins immortels. Les chapitres discursifs du Baopuzi neipian*, trad. par Philippe Che, Gallimard, « Connaissance de l'Orient », 1999.

Glossaire

Accumulation et restitution du chi : chaque mouvement de tai-chi est constitué de deux phases : accumulation du *chi* du ciel et de la terre ; restitution du *chi* au ciel et à la terre. Il ne faut pas régler ce mouvement par le rythme respiratoire, mais par le mouvement du *chi*. Celui-ci s'apparente aux mouvements des marées, qui ne sont jamais réguliers.

Alchimie taoïste : l'alchimie externe ou interne réalise une involution vers l'état primordial, en sens contraire de l'évolution spontanée qui entraîne la différenciation puis la mort. Elle a pour base théorique le principe du *dao* engendrant les dix mille êtres et les choses, déduit de livres comme le *Daodejing* par les commentateurs. Le creuset reconstitue le chaos primordial *hundun* ; en contrôlant l'opération, l'alchimiste reproduit en les condensant temporellement les étapes de la cosmogonie. Le produit obtenu se nomme « or » ou « élixir d'or », symbole de pureté et de stabilité, bien qu'il n'en soit typiquement pas. À partir des Tang, il est aussi nommé *huandan*, « cinabre de retour (au primordial) ». Dans l'alchimie interne, ce sont les trois composantes de l'humain, esprit, souffle et essence (*shen chi jing*) qui involuent grâce à l'ascèse en yin et yang, puis en élixir interne primordial. (Source : Wikipedia.)

Ami de bien : ou ami dans le bien. On appelle ainsi le guide ou le maître spirituel.

Bouddha : Siddhârta Gautama du clan Sakya, dit Sakyamuni, ou le Bouddha, fondateur historique d'une communauté de moines errants, qui devint par la suite le bouddhisme, est un chef spirituel (*guru*, « maître spirituel » en sanscrit, de *gu*, ténèbres, et *ru*, celui qui disperse les ténèbres) qui vécut au VIe siècle avant l'ère chrétienne. Le titre de Bouddha (en sanscrit *buddha*, « éveillé ») lui a été accordé plus tard par ses disciples. Il est également connu comme un *tathagata*, « celui qui est venu/allé ainsi prêcher la bonne Loi (ou *dharma*) ». Le Bouddha est la figure clé du bouddhisme. On le nomme traditionnellement Bouddha Sakyamuni. (Source : Wikipedia.)

Canal médian : c'est le pilier indestructible qui relie, dans le corps et dans l'esprit du pratiquant, le ciel et la terre. Il unit le ciel postérieur avec le ciel antérieur, c'est-à-dire le monde dans lequel nous vivons avec celui d'avant la naissance de ce monde.

Chan, l'école chan : la légende de l'origine de la tradition chan et de la lignée de ses maîtres remonte à un sermon du Bouddha Sakyamuni à ses disciples alors qu'ils étaient réunis sur le mont des Vautours. Pour tenter d'expliquer un point de son enseignement, il se contenta de cueillir silencieusement une fleur d'udumbara. Aucun des disciples n'aurait compris le message qu'il tentait de faire passer, à l'exception de Mahakashyapa, qui aurait souri au Bouddha. Celui-ci lui aurait alors dit devant l'assemblée qu'il lui avait ainsi transmis son trésor spirituel le plus précieux. C'est une préfiguration de la description du chan que l'on prêtera à Bodhidharma : « Pas d'écrit, un enseignement différent (de tous les autres), qui touche directement l'esprit pour révéler

236

la vraie nature de Bouddha. Bodhidharma serait le fondateur de la doctrine du chan, mise au point au monastère de Shaolin, en Chine. Parti des Indes où il aurait été le vingt-huitième patriarche dans la filiation de Mahakashyapa, il se serait rendu en Chine pour réaliser une synthèse du bouddhisme et du taoïsme. Surnommé le Grand Voyageur par la tradition chinoise, et parfois le Moine aux yeux clairs, Bodhidharma aurait fondé les arts martiaux dont les mouvements et gestes seraient des représentations symboliques et initiatiques. (Source : Wikipedia.)

Dhyâna (zazen) : méditation assise. Cette méditation tire ses origines de la pratique du *dhyâna* hindou (« méditation » en sanscrit). L'introduction du bouddhisme en Chine, par le moine Bodhidharma vers le Ve siècle, va permettre que cette pratique venue de l'Inde rencontre le taoïsme (particulièrement la pratique du *dao shan*, concentration assise venant de l'alchimie taoïste) dont l'influence réciproque va donner naissance à l'école chan (zen au Japon).

Chemin de retour : il s'agit de retourner à son vrai Moi, de retrouver sa source originelle. Pour ce faire, il nous faut connaître notre mental (examen de l'esprit) et peu à peu, au long des années d'une pratique assidue, saisir la signification de cette phrase de Gu Meisheng : « C'est lorsque je ne pense pas qu'à la longue je sais qui je suis. »

Dangkaï : le *dangkaï* est le résultat de l'interaction entre le *yao*, les deux mains et les deux pieds. Comme ces quatre extrémités sont dans une mouvance centrifuge, elles cherchent à s'éloigner du centre, qui est le *yao* ; alors que le *yao* les ramène lorsqu'elles exagèrent leur éloignement. Cette interdépendance, cette « complicité par opposition », entre les cinq points engendre le ressort interne, le *dangkaï*, et donne naissance à la femme ou à l'homme de *chi*, autrement dit à l'œuf lumineux.

Dao : le *dao* est la source de tout ce qui vit. De cette source jaillit un souffle vital qui nourrit l'univers entier. Le *dao* n'agit pas, mais tout se fait par lui.

Daodejing (Tao tö king) : écrit au IIIe siècle avant J.-C., le *Daodejing,* ou *Livre de la Voie et de la Vertu* est attribué à Lao-tseu (Laozi) qui serait selon la tradition chinoise un contemporain un peu plus âgé de Confucius (Kongzi, ou Kongfuzi, 551-479 av. J.-C.), mais des études récentes montrent que ce livre a été compilé plus probablement vers 300 av. J.-C., l'auteur utilisant de nombreux adages plus anciens dans son texte, et que le titre et l'organisation en 81 chapitres, répartis en deux sections, sont postérieurs à la rédaction. Le *Daodejing* est un des ouvrages les plus traduits dans le monde. Son obscurité concise et sa force poétique ont suscité d'innombrables commentaires et interprétations inspirés. Un mot sur le titre : *tao* (*dao*) est un terme important de la pensée chinoise ancienne, qui peut prendre des sens assez différents selon le contexte. L'originalité de Laozi ou de sa postérité est d'en avoir fait le principe de spontanéité commun à toutes choses, en même temps qu'un idéal de pleine vacuité jamais atteinte. Le *dao* de Confucius a un sens souvent plus moral. *Tö* (*de*), traduit par « Vertu », doit s'entendre comme l'efficacité particulière à chaque chose, dans le sens où l'on dit qu'une plante médicinale a telle ou telle vertu, mais ce terme s'applique tout aussi bien à l'homme. *King* (*jing*) signifie que ce texte est un livre canonique. Ce titre admet deux lectures : le *Canon de la Voie et de la Vertu,* et le *Canon de la Voie et de sa Vertu,* ce qui est sensiblement différent. (Cf. l'introduction à la traduction de J.J.L. Duyvendak : *Le Livre de la Voie et de la Vertu,* Maisonneuve.)

Dogen : maître zen. Né en 1200, Dogen débute sa carrière dans un monastère tendaï, près de Kyoto. À l'âge de quatorze ans, il va au temple du moine japonais Eisai, maître zen de l'école rinzaï. À la mort de celui-ci, en 1233, il se rend en Chine où durant plusieurs années il se met à l'écoute de plusieurs maîtres du chan. De ce voyage, il ramène les principes d'une méditation épurée, sans présupposés mentaux et basée uniquement sur la pratique physique, la respiration et l'observation de nos propres pensées. Revenu au Japon, il fonde le zen sôtô, inspiré par cette pratique de la méditation assise. Il est considéré comme un immense penseur, poète et écrivain. Parmi ses œuvres traduites en français, citons : *Instructions au cuisiner zen* (1231), *Corps et esprit* (1231 à 1253), *Étude et traduction du Gaku Doyojin Shu* (1234), *Recueil de l'application de l'esprit à l'étude de la Voie, du Maître de zen Dōgen*.

Dumai (*du*) *et Renmai* (*jen*) : le premier est le méridien du dos, qui naît dans le point *huiyin* (périnée) et monte par la colonne vertébrale jusqu'à la base du nez. Le deuxième prend naissance dans la pointe de la langue qui s'appuie sur le palais pour recevoir l'énergie du *dumai* et la véhiculer jusqu'au point *huiyin*. Ce circuit est appelé « petite révolution sidérale ».

Homme : l'Homme vrai sans situation : définition que donnent les maîtres de l'école chan aux hommes ou femmes qui ont atteint un degré de sagesse qui efface en eux tout égocentrisme. Ils cessent de ce fait de posséder des qualités ou des situations particulières. En sanscrit : *jivan muckta*, « éveillé vivant ».

Huang-Po : maître Huang-Po (en japonais Ōbaku Kiun) disait : « La seule chose que le disciple doit craindre, c'est qu'une seule pensée le détourne immédiatement de la Voie » et il ajoutait : « L'absence d'activité intentionnelle à tout moment, voilà précisément la voie de Bouddha. » La pensée qui peut nous détourner de la Voie, ce n'est pas la pensée qui surgit inconsciemment et naturellement mais la pensée intentionnelle. Par exemple, en zazen, ce serait de vouloir quelque chose, vouloir saisir, rejeter, vouloir le *satori*, vouloir devenir Bouddha consciemment et persister dans cette intention en pensant que c'est la pratique de la voie. Par contre, si une intention ou un désir se manifeste, sans le refouler ni le réprimer, on en prend naturellement conscience et on le laisse passer sans le retenir, sans le rejeter. Dans ses recommandations, Huang-Po disait que ceux qui veulent devenir *bouddha*, c'est-à-dire « éveillés », n'étudient rien de la méthode spirituelle de Bouddha car la non-recherche et le non-attachement suffisent. C'est revenir à l'essence de l'expérience de Bouddha. Le Bouddha Sakyamuni avait beaucoup cherché, beaucoup pratiqué et, finalement, c'est lorsqu'il a cessé de rechercher quoi que ce soit et qu'il s'est concentré seulement sur zazen, abandonnant tout objet, toute intention qu'il est réellement devenu un avec zazen. Il a pu également devenir un avec tout l'univers et s'éveiller avec l'étoile du matin, avec tous les êtres (commentaire de maître Roland Yuno Rech, Association zen internationale).

Laozi (Lao-tseu) : « vieil enfant », ou « maître Lao », est un philosophe chinois qui aurait vécu entre le VIIe et le Ve siècle avant J.-C. Voir *Daodejing*. Sur sa vie, on ne sait que peu de chose. Certains historiens estiment même qu'il n'a jamais existé. Les circonstances de sa naissance sont également extraordinaires : sa mère, qui l'aurait conçu en apercevant une comète ou un dragon volant alors qu'elle était assise sous un prunier – d'où son nom de famille Li –, l'aurait porté pendant huit ou quatre-vingt-un ans. Lorsqu'il naquit avec les cheveux blancs – origine pour certains du nom Lao (vieux) – une comète apparut dans le ciel et neuf dragons sortirent de terre pour le baigner. (Source : Wikipédia.) À l'âge mûr, lassé des hommes, il aurait quitté son pays par l'ouest, chevauchant un buffle, et aurait dicté au gardien de la passe Yin Si qui l'en priait les cinq mille caractères (environ) du *Daodejing*. Le taoïsme religieux, confronté au IIIe siècle à l'arrivée du bouddhisme en Chine, a tenté un rapprochement audacieux entre ce personnage parti en pays barbare et le Bouddha. Plus sérieusement, certains érudits chinois ont proposés différentes identifications historiques. Cependant, Mencius (Meng Zi), grand continuateur de Confucius avec Xun Zi, ne mentionne pas Laozi dans ses diatribes contre les excès des mohistes et des taoïstes (les uns prônant un pacifisme ascétique et militaire, les autres un détachement radical de la société des hommes), ce qui laisse penser que Laozi ne serait pas un personnage historique, mais plutôt une figure légendaire ou semi-légendaire. Pour donner du poids à son œuvre, le compilateur du *Livre de la Voie et de la Vertu* l'aurait signé du nom de ce sage reclus auprès duquel Confucius, le premier maître de la Chine, serait allé demander conseil. « Tandis qu'il se retirait définitivement dans les terres de l'Ouest, juché sur son buffle noir, Lao-tseu, le "Vieux Maître", rencontra un garde-frontière. Celui-ci le supplia de laisser au monde un ultime écrit. C'est ainsi, nous dit la légende, que naquit le *Tao Te King*. Ses cinq mille caractères chinois ont donné lieu, depuis plus de deux mille ans, à d'innombrables commentaires. Ce *Classique de la Voie et de la Vertu* est, avec l'enseignement de Confucius (dont il est contemporain et auquel il s'oppose farouchement), au fondement de la civilisation chinoise jusqu'à aujourd'hui. Analyse profonde de la souplesse et du non-agir, le *Tao Te King*, au fil des siècles, devient toujours moderne » (*Tao Te King*, par Lao-tseu, traduction par Ma Kou, adaptation et préface par Marc de Smedt, Albin Michel, 1984).

Moelle des os, remplir la moelle de mes os avec de l'acier fondu : cette pratique consiste à remplir la moelle de nos os avec de l'énergie du ciel et de la terre, le *chi*, yin et yang. C'est seulement après de longues années de discipline continuelle, que cette alchimie peut se produire.

Partenaire idéal : personne qui partage la tai-chi avec le pratiquant ou personne imaginaire qui joue comme reflet du pratiquant, évoluant avec lui tout au long de la discipline. Il est aussi appelé « but », « objectif » de chaque mouvement, particulièrement dans la pratique martiale du tai-chi.

Passe sans porte : expression énigmatique de Laozi : « La passe sans porte », ou « La porte mystérieuse », est un koan, une énigme qui nous invite à réfléchir et à méditer sur sa signification. Sans oublier que tout koan a pour objectif l'épuisement des ressources de l'intellect, incapable d'aller au-delà de sa logique.

Pleine lune dans l'eau : la pleine lune reflétée dans l'eau est une image doublement yin (l'eau et la pleine lune). Imaginée d'abord, puis visualisée régulièrement, elle permet que les énergies internes s'apaisent et se concentrent dans le *chi* central (*dantian* inférieur).

Pratique : on appelle « pratique », la discipline à laquelle s'applique le pratiquant au long des années. Selon Gu Meisheng, on peut parler de pratique véritable de tai-chi après dix ans d'efforts continus.

Samsara : le *Samsara* porte l'idée d'une répétition, d'un retour, d'une réitération inéluctable et perpétuelle des événements que nous vivons à présent.

Shechen : le monastère de Shechen, à Bodhnat (Népal), fondé en 1735 dans l'est du Tibet, est l'un des six principaux monastères de l'ordre nyingmapa. Cet ordre, qui signifie « ancien », est ainsi nommé car il est issu de la première diffusion du bouddhisme au Tibet au cours du VIIIe siècle, sous l'égide du maître Padmasambhava, du roi Trisongdetsen et de l'abbé Shantarakshita. Ce monastère, après avoir été célèbre dans tout le pays jusqu'au XXe siècle pour la profondeur des enseignements qui y étaient dispensés et sa parfaite discipline monastique, fut entièrement détruit après l'invasion chinoise du Tibet, dans le cadre de la Révolution culturelle. Dilgo Khyentsé Rinpotché, l'un des maîtres spirituels tibétains les plus éminents de notre époque, décida de reconstruire le monastère à Bodhnat.

Shen : énergie raffinée, spirituelle, qui se trouve dans le *dantian* supérieur, situé à l'intérieur de l'espace intersourcilier. C'est là que le *chi* du *dantian* inférieur devient *chi-shen*.

Souffle yang du ciel : selon le taoïsme, le ciel est yang, la terre est yin. Le souffle yang du ciel peut être capté par nos mains, par notre respiration, par l'ouverture du *baihui*, la « porte du ciel ». L'être humain étant considéré comme l'intermédiaire entre le ciel et la terre, lorsque le yang du ciel descend et entre en notre corps pour atteindre les profondeurs de la terre, le yin de la terre monte simultanément et entre dans notre corps pour atteindre le ciel.

Source bouillonnante (ou jaillissante) : point d'acupuncture situé dans la plante des pieds, derrière les orteils. En « soulevant » ce point, la voûte plantaire reprend sa cambrure naturelle, les orteils s'appuient solidement sur le sol et les pieds deviennent des capteurs du yin de la terre.

Taille, la vraie taille : le point central du *yao*.

Tantrisme : d'après la doctrine tantrique, fortement marquée par le mysticisme, il existe une identité absolue entre l'esprit et la matière, le microcosme et le macrocosme, le soi et le monde, l'âme individuelle (*jivâtman*) et l'âme universelle (*paramât-man*). Le *paramâtman* est conçu comme le fondement de tout, unité indivisible, transcendante et éternelle qui se manifeste sous une forme androgyne. Cette forme a en soi un principe masculin statique et un principe féminin dynamique, lesquels, en s'intégrant l'un à l'autre, créent continuellement la vie. Le *purusha*, le principe créatif masculin, l'esprit, et la *prakriti*, la nature matérielle, identifiés avec Shiva et Shakti, constituent les deux aspects de l'Un originel, symbolisé par le *lingam* (phallus, littéralement « signe ») et la *yoni* (ventre maternel, vagin, littéralement, « lieu »). De l'union de ces deux principes jaillit le monde et naît la vie. L'union des deux sexes élimine la polarité des contraires et conduit à l'indivisible originel qui précéda la création. Le dépassement de tout dualisme, qui coïncide avec la libération ultime, est obtenu à travers des rites et des formes de méditation particuliers.

Témoin : on appelle ainsi celui qui voit à travers nos yeux de chair. Il est l'émissaire du vrai Moi, qui « témoigne » de nos actes, nos pensées, nos paroles, jusqu'à ce que le pratiquant se centre définitivement dans le Moi.

Vacuité, suprême vacuité : la « vacuité » est un terme difficilement utilisé dans nos pays d'Occident. Parfois la notion de vacuité est associée à l'absence, à l'annulation de nos expériences, de nos sentiments, à l'abandon des ambitions, etc. Selon les sages, lorsque la vraie vacuité est vécue, elle apparaît comme la plus merveilleuse des plénitudes.

Vide : « Ah ! je peux dire "Je suis vide." Ça c'est facile. Il faut démontrer qu'on est vide. » Gu Meisheng nous disait cela pour nous rappeler l'importance de la pratique qui seule peut donner une réponse concrète à nos espoirs d'avancement sur la Voie. Il appuyait sa réponse avec maintes démonstrations du vide en lui-même.

Yao : le vrai *yao* constitue l'axe central de la roue, ainsi que son moyeu.

Yi : la pensée créatrice. Ce terme comporte l'idée de volition, d'intention. Les maîtres de boxe définissent le *yi* de la manière suivante : « Le *yi* est l'intention de mon cœur. » Dans les textes taoïstes, on emploie souvent le terme de « pensée » (*yi*) en corrélation avec celui d'« énergie spirituelle » (*shen*). Le *shen* est la substance, le *yi* est la fonction. Le *shen* correspond au non-agir, tandis que le *yi* gouverne l'action. Dès qu'il y a action, il a emploi du *yi* (Catherine Despeux, *Taiji Quan, art martial, technique de longue vie*, Guy Trédaniel, 1981).

Yi dans le yao : le *yi*, l'intention, s'unit, se fond dans l'action du *yao*.

Zhuangzi (Tchouang-tseu) : les concepts clés de Zhuangzi sont : « le *dao* à l'origine de toute chose », « unité des dix mille choses », « non-agir face à la nature », « errer libre de toute contrainte ». C'est une philosophie proche de celle de Laozi, mais où le concept de « libre errance » fait toute la différence. Tandis que Laozi prônait une conduite simple en participant pleinement au monde public, Zhuangzi n'offre aucun compromis politique. Son intégrité repose sur le refus de se laisser emprisonner dans des charges publiques qui, même flatteuses, revenaient à faire de lui « une tortue sacrée morte depuis longtemps et gardée dans une boîte de bambou » tandis que lui préférait « rester en vie et traîner sa queue dans la boue ». Zhuangzi était un iconoclaste, le plus grand que la Chine, si imbue de codes confucéens, ait pu produire. Ce n'était pas un épicurien, et aucune philosophie occidentale ne peut se comparer à la sienne, seulement s'en approcher. Il n'était pas amateur d'excès, seulement de liberté et de paix, en se moquant des jugements discriminatoires. Il n'attachait pas plus d'importance à la vie qu'à la mort, au bonheur et au malheur, il naviguait librement au fil des événements sans s'y attacher. Quand sa femme mourut, ses disciples le surprirent accroupi sur le sol chantant et battant la mesure sur un bol retourné. Mourant, il refusa les préparatifs pompeux de ses disciples et voulut avoir le ciel et la terre comme cercueil, le soleil et la lune comme anneaux, les étoiles comme diamants ; l'univers entier serait enterré avec lui. (Source : onelittleangel.com)

Table

Composition Nord Compo
Impression : Imprimerie Floch, janvier 2010
Éditions Albin Michel
22, rue Huyghens, 75014 Paris
www.albin-michel.fr

ISBN : 978-2-226-19143-4
N° d'édition : 18443/01 – N° d'impression : 75662
Dépôt légal : février 2010
Imprimé en France.